交通职业教育教学指导委员会推荐教材
高职高专院校公路工程造价专业教学用书

高等职业教育规划教材

公路工程案例分析

Gonglu Gongcheng Anli Fenxi

（第二版）

主　编　宁金成
副主编　张万臣
主　审　张洪滨

人民交通出版社

内 容 提 要

本书是交通职业教育教学指导委员会推荐教材，由路桥工程专业指导委员会组织编写。全书共七章，主要内容包括：建设项目财务评价，公路工程定额运用与造价编制，公路工程施工组织，公路工程施工招标与投标管理，公路工程项目合同管理与索赔，公路工程质量管理，公路工程价款结算与竣工决算。本书试图通过案例教学的方式，引导学生运用理论知识分析工程实际问题，并获得一种解决问题的方法。

本书是高职高专院校公路工程造价专业教学用书，也可供道路桥梁工程技术及其相关专业教学使用，或作为公路工程造价工程师职业培训考试复习用书，亦可供公路工程技术人员学习参考。

图书在版编目（CIP）数据

公路工程案例分析 / 宁金成主编．—2版．—北京：人民交通出版社，2009.1

ISBN 978-7-114-07544-5

Ⅰ.公…　Ⅱ.宁…　Ⅲ.道路工程－案例－分析　Ⅳ.U41

中国版本图书馆CIP数据核字（2009）第004649号

书　　名： 公路工程案例分析（第二版）
著 作 者： 宁金成
责任编辑： 曹延鹏
出版发行： 人民交通出版社股份有限公司
地　　址：（100011）北京市朝阳区安定门外外馆斜街3号
网　　址： http://www.ccpress.com.cn
销售电话：（010）59757973
总 经 销： 人民交通出版社发行部
经　　销： 各地新华书店
印　　刷： 北京市密东印刷有限公司
开　　本： 787×1092　1/16
印　　张： 11.5
字　　数： 284千
版　　次： 2007年2月第1版
2009年1月第2版
印　　次： 2017年8月第3次印刷
书　　号： ISBN 978-7-114-07544-5
印　　数： 4001－5000册
定　　价： 23.00元

交通职业教育教学指导委员会
路桥工程专业指导委员会

前言(第一版)

QIANYAN

为深入贯彻落实《高等教育面向21世纪教学内容和课程体系改革计划》,按照教育部“以教育思想、观念改革为先导,以教学改革为核心,以教学基本建设为重点,注重提高质量,努力办出特色”的基本思路,交通职业教育教学指导委员会路桥工程专业指导委员会在总结道路桥梁工程技术专业教学文件编制及其教材编写工作经验的基础上,又组织开发了相关专业的教学指导方案及部分专业教材,其中包括三年制高职高专院校公路工程造价专业教学指导方案及7门课程的规划教材。

公路工程造价专业教材依据教育部对高职高专人才培养目标、培养规格、培养模式及与之相适应的知识、技能、能力和素质结构的要求进行编写,并融入了全国交通类高职高专院校公路工程造价专业的教学改革成果,紧密跟踪我国工程造价管理方面的政策和技术发展,采用了最新的技术标准、规范,具有较强的针对性。教材编写中较好地贯彻了素质教育的思想,力求体现以人为本、注重知识实用性的现代职业教育理念,从交通行业岗位群对人才的知识结构和技能要求出发,结合对培养学生创新能力、职业道德方面的要求,提出教学目标和教学内容,在教材的理论体系、组织结构、内容描述上与传统教材有了明显的区别。

《公路工程案例分析》是高职高专院校公路工程造价专业规划教材之一,主要内容包括:建设项目财务评价,公路工程定额运用与造价编制,公路工程施工组织,公路工程施工招标与投标管理,公路工程项目合同管理与索赔,公路工程质量管理,公路工程价款结算与竣工决算。本书旨在通过案例教学的方式,引导学生运用理论知识分析工程实际问题,并获得一种解决问题的方法。

参加本书编写工作的有:吉林交通职业技术学院张万臣(编写第一、六章),河南交通职业技术学院宁金成(编写第二、三章)、黄铁安(编写第四、五、七章),全书由宁金成担任主编,张万臣担任副主编,吉林交通职业技术学院张洪滨担任主审。

本套教材是路桥工程专业指导委员会委员及长期从事公路工程造价专业教学与工程实践的教师们工作经验的总结。但是,随着各项改革的逐步深入,书中难免有不妥之处,敬请广大读者批评指正。本套教材在编写过程中得到了交通职业教育教学指导委员会的关心与指导,全国各交通职业技术学院的领导也给予了大力支持,在此,向他们表示诚挚的谢意。

交通职业教育教学指导委员会

路桥工程专业指导委员会

2006年11月

再版说明

ZAIBAN SHUOMING

本教材第一版于2007年2月出版。交通部于2007年10月19日颁发了一整套计价文件,如《公路工程基本建设项目概算预算编制办法》(JTG B06—2007)、《公路工程预算定额》(JTG/T B06-02—2007)等。这些计价文件于2008年1月1日开始实施,本书根据新的计价办法做全面修订。

这次修订保留了第一版教材的总体结构,根据新的计价文件对原书的"第二章公路工程定额运用与造价编制"、"第三章公路施工组织设计"做了全面的修改,其他各章也做了相应的部分修改。

经过修改,本书的知识体系符合新计价文件的要求,内容更突出"职业性、实用性、可操作性"。

参加本书修改工作的有:吉林交通职业技术学院张万臣(修改第一章、第六章),河南交通职业技术学院宁金成(修改第二章、第三章)、黄铁安(修改第四章)、王轩(修改第五章、第七章)。全书由宁金成统稿并担任主编,张万臣担任副主编,吉林交通职业技术学院张洪滨担任主审。

本书在修改过程中得到了福建交通职业技术学院俞素平的指导,并参考了其他同行编写的教材与著作,在此一并向各位表示感谢。由于编者水平有限,难免会有疏漏甚至错误之处,恳请读者批评指正。

作　者

2008年12月

目　录

—MULU

第一章

建设项目财务评价

知识体系

1. 建设项目投资构成与投资估算方法;
2. 建设项目财务评价中基本报表的编制;
3. 建设项目财务评价的主要内容。

案例1

背景材料

某拟建化工产品建设项目,预计年产量50万吨,已知某已建类似年产30万吨的建设项目的设备购置费为2000万元,与设备投资相关的建筑安装工程费投资系数为0.35,工程建设其他费系数为0.20。

已知拟建项目建设期与已建类似项目建设期的综合价格差异系数为1.30。

该项目建设期为3年,第1年投入20%,第2年投入50%,第3年投入30%。建设期贷款500万元,贷款年利率为10%,按月计息。

预计建设期间基本预备费率为6%,年平均物价上涨率为4%,固定资产投资方向调节税率为5%。

固定资产投资流动资金率为6%。

问题

1. 列式计算该项目的设备购置费、建筑安装工程费和工程建设其他费。
2. 估算该项目的固定资产投资额。
3. 计算该项目的流动资金,并估算该项目的总投资额。

分析要点

本案例所考核的内容主要是项目投资估算。投资估算的方法主要有:单位生产能力估算法、生产能力指数法、系数估算法等。本案例要求先运用生产能力指数法估算该项目的设备投资额,然后运用设备系数估算法估算建筑安装工程费和其他建设费;再次,可以进行预备费、建设期贷款利息及固定资产投资方向调节税的估算；用扩大指标法估算流动资金额；最后，估算项目的总投资额。

答案

1.计算项目的设备购置费、建筑安装工程费和工程建设其他费。

(1)根据背景材料可知，须用生产能力指数法计算该项目厂房的设备购置费。

因为拟建项目与已建类似项目的年生产力的比值为50/30=1.67，所以取$x=1$。

项目设备投资费=2000×(50/30)×1.30=4333.33(万元)

项目工程费投资=4333.33×(1+0.35)=5850(万元)

其中，项目建筑安装投资=4333.33×0.35=1516.67(万元)

(2)项目工程费与工程建设其他费=5850×(1+0.20)=7020(万元)

其中，工程建设其他费=5850×0.20=1170(万元)

2.计算项目的固定资产投资额。

(1)预备费的计算。

基本预备费=7020×6%=421.2(万元)

由此得知，静态投资额=7020+421.2=7441.2(万元)

建设期各年静态投资额为：

第1年静态投资额=7441.2×20%=1488.24(万元)

第2年静态投资额=7441.2×50%=3720.60(万元)

第3年静态投资额=7441.2×30%=2232.36(万元)

则涨价预备费为：

$$1488.24\times[(1+4\%)-1]+3720.60\times[(1+4\%)^2-1]+2232.36\times[(1+4\%)^3-1]$$

$$=59.53+303.60+278.74=641.87(\text{万元})$$

(2)固定资产投资方向调节税的计算。

固定资产投资方向调节税=(7020+421.2+641.87)×5%=404.15(万元)

(3)建设期贷款利息的计算。

第1年贷款利息=(0+5000×20%/2)×10%=50(万元)

第2年贷款利息=(5000×20%+50+5000×50%/2)×10%=230(万元)

第3年贷款利息=(5000×20%+50+5000×50%+230+5000×30%/2)×10%
=453(万元)

建设期贷款利息合计=50+230+453=733(万元)

由此得，项目固定资产投资额=7020+421.2+641.87+404.15+733=9220.22(万元)

3.计算项目的流动资金，并估算该项目的总投资额。

项目流动资金=9220.22×6%=553.21(万元)

由此得，拟建项目投资总额=9220.22+553.21=9773.32(万元)

案例 2

背景材料

某建设项目固定资产投资 8000 万元,预计生产运营期间定员 800 人,每人每年工资和福利费 7000 元,每年的其他费用 320 万元(其中,其他制造费 280 万元)。每年外购原材料、燃料动力费为 4100 万元。每年的修理费为 380 万元。年经营成本为 4300 万元。各项流动资金的最低周转天数分别为:应收账款 30 天,现金 40 天,应付账款 30 天,存货 40 天。预计年销售收入为 10000 万元。

问题

用分项详细估算法估算建设项目的流动资金。

分析要点

分项详细估算法估算建设项目的流动资金的计算公式为:

流动资金 = 流动资产 − 流动负债

流动资产 = 应收账款 + 存货 + 现金

流动负债 = 应付账款

上式中:

应收账款 = 年销售收入/应收账款周转次数

存货 = 外购原材料 + 外购燃料 + 在产品 + 产成品

其中:

外购原材料 = 年外购原材料总成本/按种类分项周转次数

外购燃料 = 年外购燃料/按种类分项周转次数

$$在产品=\frac{(年外购原材料、燃料+年工资及福利费+年修理费+年其他制造费)}{在产品周转次数}$$

产成品 = 年经营成本/产成品周转次数

现金需要量 =(年工资及福利费 + 年其他制造费)/现金周转次数

应付账款 =(年外购原材料 + 年外购燃料)/应付账款周转次数

周转次数 = 360/流动资金最低周转天数

答案

应收账款 = 10000 ÷ (360 ÷ 30) = 833.33(万元)

外购原材料 = 4100 ÷ (360 ÷ 40) = 455.56(万元)

在产品 = (4100 + 0.7 × 800 + 380 − 280) ÷ (360 ÷ 40) = 591.11(万元)

产成品 = 4300 ÷ (360 ÷ 40) = 477.78(万元)

则,存货 = 455.56 + 591.11 + 477.78 = 1524.45(元)

现金 =(0.7×800+320) ÷(360÷40)=97.78(万元)

可知,流动资产 =833.33+1524.45+97.78=2455.56(万元)

流动负债 =4100÷(360÷30)=341.67(万元)

由上述计算可知:

流动资金 =2455.56-341.67=2113.89(万元)

案例 3

背景材料

某项目建设期为 2 年,生产期为 8 年。项目建设投资(不含建设期贷款利息)4000 万元,并全部形成固定资产。固定资产折旧年限为 8 年,按平均年限折旧法折旧。固定资产残值率为 5%,在计算期末回收残值。

建设期每年投入建设资金各 50%,其中每年投入的建设资金中 60% 为银行贷款,贷款年利率为 8%,且建设期只计息不还款,另外 40% 为自有资金。生产期第一年投入流动资金 400 万元,全部为自有资金,流动资金在计算期末全部收回。

建设期贷款在生产期按每年等额本金法偿还,并偿还当年发生的利息。

预计生产期正常年份每年的销售收入为 5600 万元,每年的经营成本为 2700 万元,产品的销售税金及附加税率为 7%,所得税税率为 33%,行业基准收益率 $i_c=10\%$,行业基准投资回收期 $P_c=8$ 年。投产第 1 年的生产能力为正常年份的 75%,第 2 年为 90%,第 3 年以后为正常年份。为简化计算,第 1 年与第 2 年的销售收入、经营成本等也均按正常年份的 75% 与 90% 估算。

问题

1. 计算项目计算期第 3 年初的累计借款。
2. 编制项目还本付息表。
3. 计算每年的总成本费用。
4. 编制自有现金流量表。
5. 计算项目的静态、动态投资回收期,财务净现值,并评价项目的可行性。

分析要点

本案例主要考核基于自有资金现金流量表的财务评价及相关知识要点,主要包括:建设期贷款利息的计算及其与固定资产原值的关系,等额本金法偿还贷款时还本付息表的编制,根据现金流量表计算相应的财务评价指标。

问题 1:建设期贷款利息的计算要注意当年贷款利息按贷款额的一半计算利息。

问题 4:固定资产残值的计算要把建设期贷款利息算入投资总额中;现金流量表中偿还借

款项由问题 2 还本付息表转来，表中所得税依据式(1-1)计算。

所得税 =（销售收入 − 总成本费用 − 销售税金及附加）× 所得税率　　(1-1)

其中，总成本费用 = 经营成本 + 年折旧额 + 摊销费 + 财务费用

问题 5：只要项目的静态投资回收期 P_t 与动态投资回收期 P'_t 均大于行业基准投资回收期，且财务净现值 FNPV ≥ 0，则该项目从财务评价上来说是可行的。

静态投资回收期 P_t =（累计净现金流量出现正值的年份 − 1）+（上一年累计净现金流量的绝对值 ÷ 当年的净现金流量）

动态投资回收期 P'_t =（累计折现净现金流量出现正值的年份 − 1）+（上一年累计折现净现金流量的绝对值 ÷ 当年的折现净现金流量）

财务净现值 FNPV = 累计折现净现金流量最后一年的值

答案

1. 计算项目计算期第 3 年初的累计借款。

第 3 年初的累计借款计算：

第 1 年应计利息 =（0 + 4000 × 50% × 60% ÷ 2）× 8% = 48（万元）

第 2 年应计利息 =（4000 × 50% × 60% + 48 + 4000 × 50% × 60% ÷ 2）× 8%
= 147.84（万元）

由此可得，建设期贷款利息总额 = 48 + 147.84 = 195.84（万元）

则计算期第 3 年初的借款累计 = 4000 × 60% + 195.84 = 2595.84（万元）

2. 编制项目还本付息表。

还本付息表（表 1-1）的编制：

某项目还本付息表　（单位：万元）　　表 1-1

序号	项　目	1	2	3	4	5	6	7	8	9	10
1	年初累计借款		1248	2596	2271	1947	1622	1298	973.4	649	324.5
2	本年新增借款	1200	1200								
3	本年应计利息	48	147.8	207.7	181.7	155.8	129.8	103.8	77.88	51.92	25.96
4	本年应还本金			324.5	324.5	324.5	324.5	324.5	324.5	324.5	324.5
5	本年应还利息			207.5	181.7	155.8	129.8	103.8	77.88	51.92	25.96

生产期内每年等额偿还本金额 = 2595.84 ÷ 8 = 324.48（万元）

3. 计算每年的总成本费用。

计算项目的静态、动态投资回收期，财务净现值，并评价项目的可行性。

每年总成本费用的计算：

固定资产残值 =（4000 + 195.84）× 5% = 209.79（万元）

年折旧费 =（4000 + 195.84）×（1 − 5%）÷ 8 = 498.26（万元）

生产期间各年总成本费用为：

第 3 年总成本费用 = 2700 × 75% + 498.26 + 207.67 = 2730.93（万元）

第 4 年总成本费用 = 2700 × 90% + 498.26 + 181.71 = 3109.97（万元）

第 5 年总成本费用 = 2700 + 498.26 + 155.75 = 3354.01（万元）

第 6 年总成本费用 = 2700 + 498.26 + 129.79 = 3328.05(万元)

第 7 年总成本费用 = 2700 + 498.26 + 103.83 = 3302.09(万元)

第 8 年总成本费用 = 2700 + 498.26 + 77.88 = 3276.14(万元)

第 9 年总成本费用 = 2700 + 498.26 + 51.92 = 3250.18(万元)

第 10 年总成本费用 = 2700 + 498.26 + 25.965 = 3224.22(万元)

4. 计算每年的总成本费用。

自有资金现金流量表(表 1-2)的编制:

某项目自有资金现金流量表 (单位:万元) 表 1-2

序号	项 目	1	2	3	4	5	6	7	8	9	10
1	现金流入			4200	5040	5600	5600	5600	5600	5600	6210
1.1	销售收入			4200	5040	5600	5600	5600	5600	5600	5600
1.2	回收固定资产残值										2010
1.3	回收流动资金										400
2	现金流出	800	800	362	3776	4147	4129	4112	4094	4077	4060
2.1	自有资金	800	800	400							
2.2	经营成本			2025	2430	2700	2700	2700	2700	2700	2700
2.3	偿还借款			532	506	480	454	428	402	376	350
2.3.1	长期借款本金偿还			324	324	324	324	324	324	324	324
2.3.2	长期借款利息偿还			208	182	156	130	104	78	52	26
2.4	销售税金及附加			252	302	336	336	336	336	336	336
2.5	所得税			402	537	630	639	647	656	665	673
3	净现金流量	-800	-800	589	1264	1454	1471	1488	1506	1523	2150
4	累计净现金流量	-800	-1600	-1011	254	1707	3178	4666	6172	7695	9845
5	折现系数 $i_c = 10\%$	0.91	0.826	0.751	0.68	0.62	0.56	0.51	0.47	0.42	0.39
6	折现净现金流量	-727	-661	443	864	903	830	763	703	646	830
7	累计折现净现金流量	-727	-1388	-946	-82	821	1650	2414	3117	3763	4593

注:因版面原因,表格宽度不够,上表中数据全部取整,实际计算中按要求精度保留小数。

上表中生产期各年所得税为:

第 3 年所得税 = (4000 - 2730.93 - 252) ×33% = 401.63(万元)

第 4 年所得税 = (5040 - 3109.97 - 302.4) ×33% = 537.12(万元)

第 5 年所得税 = (5600 - 3354.01 - 336) ×33% = 630.30(万元)

第 6 年所得税 = (5600 - 3328.05 - 336) ×33% = 638.86(万元)

第 7 年所得税 = (5600 - 3302.09 - 336) ×33% = 647.43(万元)

第 8 年所得税 = (5600 - 3276.14 - 336) ×33% = 655.99(万元)

第 9 年所得税 = (5600 - 3250.18 - 336) ×33% = 664.56(万元)

第 10 年所得税 = (5600 - 3224.22 - 336) ×33% = 673.13(万元)

5. 确定项目可行性。

静态投资回收期 $P_t = (4-1) + |-1010.78| \div 1264.29 = 3.80$(年)

动态投资回收期 P'_t = (5 - 1) + | - 81.99| ÷902.60 = 4.09(年)

财务净现值 FNPV = 4592.55(万元)

因为项目的静态投资回收期 P_t = 3.80 年,小于基准投资回收期 P_c = 8 年,项目动态投资回收期 P'_t = 4.09 年,也小于基准投资回收期 P_c = 8 年,且项目的财务净现值 FNPV = 4592.55 万元≥0,所以该项目可行。

案例 4

背景材料

某项目建设期为 2 年,生产期为 8 年,项目建设投资(不含建设期贷款利息)4500 万元,预计其中 90% 形成固定资产,另 10% 形成递延资产,固定资产折旧年限为 8 年,按双倍余额递减法计提折旧,残值率为 5%,在计算期末收回固定资产残值,递延资产按 8 年平均摊销。

项目建设投资第 1 年投入 2000 万元,其中 1000 万元为银行贷款;第 2 年投入 2500 万元,其中 1500 万元为贷款,贷款年利率为 8%,建设期只计息不还款,从第 3 年开始还款,按最大偿还能力法偿还贷款;第 3 年投入流动资金 400 万元,全部为银行贷款,贷款年利率为 6%。

项目生产期每年的经营成本为 3350 万元,第 3 年的销售收入为 4550 万元,第 4 年的销售收入 4800 万元,第 5 ~ 10 年的销售收入均为 5350 万元。

销售税金及教育附加税率为 6%,所得税率为 33%。

问题

1. 列式计算建设期贷款利息和各年固定资产折旧额。
2. 计算第 3 年的税后利润,并确定当年可用于偿还建设期贷款本金的资金总额。
3. 编制资金来源与运用表。
4. 计算项目的贷款偿还期和偿债备付率,并分析项目的偿债能力。

分析要点

本案例主要考核建设期贷款按最大偿还能力法为核心的项目债务清偿能力的分析,涉及贷款偿还期、偿债备付率、资金来源与运用表的编制等内容。

问题 1:应注意双倍余额递减折旧法,应当在其固定资产折旧年限到期前两年内,将固定资产账面净值扣除预计残值后的净额进行平均摊销。

问题 2:当年可用于偿还建设期贷款本金的最大偿还额 = 税后利润 + 折旧费 + 摊销费

税后利润 = 利润总额 - 所得税

利润总额 = 销售收入 - 总成本费用 - 销售税金及附加

问题 3:损益表中未分配利润就是用于还款的利润。

资金来源与运用表中的利润总额＝当年的利润总额－上一年的亏损额

问题4：贷款偿还期＝(偿清债务的年份－1)＋偿清债务年应付本金÷当年可用于偿债的资金总额

偿债备付率＝(可用于还本付息的资金总额÷当年应还本付息金总额)×100%

答案

1.计算建设期贷款利息和各年固定资产折旧额。

建设期贷款利息的计算：

第1年贷款利息＝(0＋1000÷2)×8%＝40(万元)

第2年贷款利息＝(1000＋40＋1500÷2)×8%＝143.2(万元)

则建设期贷款利息额＝40＋143.2＝183.2(万元)

第3年初的借款累计总额＝1000＋1500＋183.2＝2683.2(万元)

由此可知，固定资产原值＝4500×90%＋183.2＝4233.2(万元)

固定资产残值＝4233.2×5%＝211.66(万元)

因是双倍余额递减折旧，则：

固定资产折旧率＝2÷8×100%＝25%

每年的固定资产折旧额：

第3年初固定资产账面净值＝4233.2(万元)

第3年折旧额＝4233.2×25%＝1058.3(万元)

第4年初固定资产账面净值＝4233.2－1058.3＝3174.9(万元)

第4年折旧额＝3174.9×25%＝793.73(万元)

第5年初固定资产账面净值＝3174.9－793.73＝2381.17(万元)

第5年折旧额＝2381.17×25%＝595.29(万元)

第6年初固定资产账面净值＝2381.17－595.29＝1785.88(万元)

第6年折旧额＝1785.88×25%＝446.47(万元)

第7年初固定资产账面净值＝1785.88－595.29＝1190.59(万元)

第7年折旧额＝1190.59×25%＝297.65(万元)

第8年初固定资产账面净值＝1190.59－297.65＝892.94(万元)

第8年折旧额＝892.94×25%＝223.24(万元)

第9年初固定资产账面净值＝892.94－223.24＝669.70(万元)

则最后两年应平均摊销的折旧总额＝669.70－211.66＝458.04(万元)

第9、10年折旧额＝458.04÷2＝229.02(万元)

2.计算第3年的税后利润，并确定当年可用于偿还建设期贷款本金的资金总额。

第3年的销售收入＝4100(万元)

第3年的总成本费用＝经营成本＋折旧费＋摊销费＋利息

其中：第3年的摊销费＝4500×10%÷8＝56.25(万元)

第3年的长期贷款利息＝2683.2×8%＝214.66(万元)

第3年的流动资金贷款利息＝400×6%＝24(万元)

则第 3 年的总成本费用 = 3350 + 1058.3 + 56.25 + (214.66 + 24) = 4803.21(万元)

第 3 年的销售税金及附加 = 4550 × 6% = 273(万元)

第 3 年的税后利润 = 4550 − 4803.21 − 273 = −526.21(万元)

第 3 年的所得税 = 0(万元)

第 3 年的税后利润 = 0(万元)

第 3 年可用于偿还建设期借款本金的最大偿还能力 = 0 + 1058.3 + 56.25

= 1114.55(万元)

3. 编制资金来源与运用表。

先进行利润计算表(表 1-3)的编制:

利润计算表　(单位:万元)　　表 1-3

序号	项　目	3	4	5	6	7	8	9	10
1	销售收入	4550	4800	5350	5350	5350	5350	5350	5350
2	总成本费用	4695.2	4405.7	4181.3	4006.5	3831.7	3731.4	3711.2	3685.2
2.1	经营成本	3350	3350	3350	3350	3350	3350	3350	3350
2.2	折旧费	1058.3	793.73	595.29	446.47	297.65	223.24	229.02	229.02
2.3	摊销费	56.25	56.25	56.25	56.25	56.25	56.25	56.25	56.25
2.4	利息	231.67	205.71	179.75	153.79	127.83	101.88	75.92	49.96
2.4.1	长期借款利息	207.67	181.71	155.75	129.79	103.83	77.88	51.92	25.96
2.4.2	流动资金借款利息	24	24	24	24	24	24	24	24
3	销售税金及附加	273	288	321	321	321	321	321	321
4	利润总额(1−2−3)	−419.2	106.31	847.71	1022.5	1197.3	1297.6	1317.8	1343.8
5	弥补前年度亏损		106.31	312.91					
6	应纳所得税额		0	534.8	1022.5	1197.3	1297.6	1317.8	1343.8
7	所得税			176.48	337.42	395.1	428.22	434.88	443.44
8	税后利润			671.23	685.07	802.17	869.41	882.93	900.33
9	可用于还款的资金	1114.6	849.98	1322.8	1187.8	1156.1	1148.9	1168.2	1185.6
10	年末尚欠借款	1568.7	718.67	0					
11	当年偿还借款本金	1114.6	849.98	718.67					

根据利润计算表所得到的数据进行资金来源与运用表(表 1-4)的编制。

资金来源与运用表　(单位:万元)　　表 1-4

序号	项　目	1	2	3	4	5	6	7	8	9	10
1	资金来源	2040	2643	1515	850	1186	1525	1551	1577	1603	2241
1.1	利润总额					534.8	1022	1197	1298	1318	1344
1.2	折旧费			1058	793.7	595.3	446.5	297.7	223.2	229	229
1.3	摊销费			56.25	56.25	56.25	56.25	56.25	56.25	56.25	56.25
1.4	长期借款	1040	1643								
1.5	流动资金借款			400							

续上表

序号	项　　目	1	2	3	4	5	6	7	8	9	10
1.6	自有资金	1000	1000								
1.7	回收固定资产余值										211.7
1.8	回收流动资金										400
2	资金运用	2040	2643	1515	850	895.2	337.4	395.1	428.2	434.9	843.4
2.1	固定资产投资	2040	2643								
2.1.1	建设期利息	40	143.2								
2.2	流动资金			400							
2.3	所得税					176.5	337.4	395.1	428.2	434.9	443.4
2.4	应付利润										
2.5	长期借款还本			1115	850	718.7					
2.6	流动资金借款还本										400
3	盈余资金	0	0	0	0	291.2	1188	1156	1149	1168	1397
4	累计盈余资金					291.2	1479	2635	3784	4952	6349

4.计算项目的贷款偿还期和偿债备付率,并分析项目的偿债能力。

借款偿还期 = (5 - 1) + 718.67 ÷ 1009.86 = 4.71(年)

计算第3、4、5年的偿债备付率:

第3年的偿债备付率 = 1114.55 ÷ 1114.55 = 100%

第4年的偿债备付率 = 849.98 ÷ 849.98 = 100%

第5年的偿债备付率 = 1009.86 ÷ 718.67 = 140.52%

由此可见,该项目的偿债能力比较高。

案例5

背景材料

某建设项目投资4300万元(不含建设期贷款利息),其中形成递延资产600万元,其余全部形成固定资产。固定资产使用年限为10年,固定资产残值率为5%,且固定资产余值在生产期末收回。该项目的建设期为2年,生产运营期为8年。

项目的资金投入、销售收入及经营成本见表1-5。

建设单位与银行约定:在项目投产后的前4年内等额本金偿还,其贷款利率为8%(按年计息),流动资金贷款利率为6%(按年计息)。

递延资产在生产期的8年中均匀摊入成本中。

流动资金在项目的生产期末收回。

已知销售税金及附加税率为6%,所得税率为33%。该项目的行业基准收益率为10%,行业平均投资利润率为12%,平均投资利税率为15%。

某建设项目资金投资、销售收入及经营成本表 (单位:万元) 表 1-5

序号	项 目	1	2	3	4	5～10
1	建设投资: 自有资金 贷款(不含利息)	 600 1200	 100 1500			
2	流动资金: 自有资金 贷款(不含利息)			 300 200	 200 300	
3	年销售收入			3850	4550	5900
4	年经营成本			3050	3450	4150

问题

1. 编制项目的还本付息表、总成本费用表、损益表。

2. 计算投资利润率、投资利税率、资本金利润率。

3. 编制项目自有资金现金流量表,并计算该项目的静态、动态投资回收期和财务净现值。

4. 从财务角度评价项目的可行性。

分析要点

案例主要考核项目的还本付息表、总成本费用表、损益表的编制方法,在本案例中这三个表是相互关联的,即存在三表联算的问题。

问题 1:本案例中的还本付息表内容要比案例 1 中的还本付息表复杂些,它还要包括偿还借款来源的计算,而且临时借款利率按流动资金贷款利率计算,但把利息算做建设期贷款利息。

在等额本金偿还的损益表的计算过程中要注意以下问题:

当税后利润 + 折旧费 + 摊销费≤该年应还本金时,则该年的税后利润全部为未分配利润,不足部分为该年的资金亏损,不计取当年的盈余公积金和应付利润,并需用临时借款来偿还不足部分的本金,临时借款利率以流动资金贷款利率计,但因其是固定资产贷款偿还而发生的贷款行为,因此,其产生的利息归入固定资产贷款利息中。

当税后利润 + 折旧费 + 摊销费≥该年应还本金时,则该年为盈利年,未分配利润按如下公式计算:

当年未分配利润 =(当年应还本金 + 上年度亏损)- 折旧费 - 摊销费

盈余公积金 =(税后利润 - 上年度亏损)×10%

税后利润 = 当年利润总额 -(当年利润总额 - 上年度亏损)× 所得税率

问题 2:投资利润率是指项目达到设计生产能力后,正常生产年份的利润总额与项目总投资的比率。

投资利润率＝年利润总额(或平均利润总额)÷总投资×100%

投资利税率＝年利税总额(或平均利税总额)÷总投资×100%

资本金利润率＝年利润总额(或平均利润总额)÷项目资本金×100%

答案

1. 编制项目的还本付息表、总成本费用表、损益表。

(1)首先进行还本付息表的编制,如表1-6。

某项目还本付息表 (单位:万元) 表1-6

序号	项目	1	2	3	4	5	6
1	年初累计借款	0	1248	2907.84	2461.6	1868.34	1008
2	本年新增借款	1200	1500				
3	本年应计利息	48	159.84	232.63	191.31	141.18	75
4	本年应还本金	0	0	726.96	726.96	726.96	727
5	本年应还利息	0	0	232.63	191.31	141.18	75
6	偿还借款来源			726.96	1007.68	1141.38	978.5
6.1	当年折旧费			371.24	371.24	371.24	371.2
6.2	当年摊销费			75	75	75	75
6.3	当年未分配利润			0	147.02	414.42	280.7
6.4	临时借款			280.72	414.42	280.73	0
6.5	偿还临时借款			0	280.72	414.42	280.7

表1-6中:

利用贷款利息计算公式经计算可知,第3年初的借款累计总额为2907.84万元。

年等额偿还本金＝2907.84÷4＝726.96(万元)

折旧费和摊销费从表1-6项目的总成本费用表中转来。

根据损益表知,第3年税后利润＝－121.9万元,则该年亏损,亏损额为121.9万元。所以,第3年未分配利润＝0。同样,其他年份的未分配利润也要依据当年的损益确定。同时知该年偿还长期借款不足,需要临时借款,借款额＝726.96－(371.24＋75)＝280.72(万元)。

第4年贷款利息＝(2907.84－726.96)×8%＋280.72×6%＝191.31(万元)

第4年要把借款本金和上一年临时借款都还上,所以:

第4年偿还借款来源总额＝726.96＋280.72＝1007.68(万元)

因第4年税后利润＋折旧费＋摊销费＝147.02＋371.24＋75＝593.26(万元),小于该年应还本金额726.96万元,所以该年不计盈余公积金和应付利润,则:

第4年未分配利润＝税后利润＝147.024(万元)

第4年借临时款额＝1007.68－(371.24＋75＋147.02)＝414.42(万元)

第4年亏损额＝726.96－(147.02＋371.24＋75)＝133.7(万元)

第5年贷款利息＝(2461.6－1007.69)×8%＋414.42×6%＝141.18(万元)

第5年偿还借款来源总额＝726.96＋414.42＝1141.38(万元)

因第5年税后利润+折旧费+摊销费=521.66+371.24+75=967.9万元,大于该年应还本金额726.96万元,所以该年为盈利年。

第5年未分配利润=(726.96+133.7)-(371.24+75)=414.42(万元)

第5年临时借款额=1141.39-(371.24+75+414.42)=280.73(万元)

第6年贷款利息=(1868.34.96-1141.38)×8%+280.73×6%=75(万元)

(2)进行总成本费用表的编制,如表1-7。

某项目总成本费用表 (单位:万元) 表1-7

序号	项目	3	4	5	6	7	8	9	10
1	经营成本	3050	3450	4150	4150	4150	4150	4150	4150
2	折旧费	371.24	371.24	371.24	371.24	371.24	371.24	371.24	371.24
3	摊销费	75	75	75	75	75	75	75	75
4	建设期贷款利息	232.63	191.31	141.18	75				
5	流动资金贷款利息	12	30	30	30	30	30	30	30
6	总成本费用	3740.87	4117.55	4767.4	4671.24	4626.24	4526.24	4626.24	4626.24

表1-7中:

固定资产总额=2907.84+600+1000-600=3907.84(万元)

折旧费=(2907.84+1600-600)×(1-5%)÷10=371.24(万元)

摊销费=600÷8=75(万元)

建设期贷款利息从表1-5转来。

(3)进行损益表的编制,如表1-8。

某项目损益表 (单位:万元) 表1-8

序号	项目	3	4	5	6	7	8	9	10
1	销售收入	3850	4550	5900	5900	5900	5900	5900	5900
2	总成本费用	3740.87	4117.55	4767.4	4671.2	4626.24	4626.24	4626.24	4626.24
3	销售税金及附加	231	273	354	354	354	354	354	354
4	利润总额	-121.9	159.4	778.6	874.76	919.76	919.76	919.76	919.76
5	所得税	0	12.38	212.82	288.67	303.52	303.52	303.52	303.52
6	税后利润	-121.9	147.02	565.78	586.09	616.24	616.24	616.24	616.24
7	盈余公积金	0	0	43.21	58.61	61.62	61.62	61.62	61.62
8	应付利润	0	0	34.59	246.76	554.62	554.62	554.62	554.62
9	未分配利润	0	147.02	414.42	280.72	0	0	0	0

上表中,各年的销售税金及附加费为:

第3年销售税金及附加=3850×6%=231(万元)

第4年销售税金及附加=4550×6%=273(万元)

第5~10年销售税金及附加=5900×6%=354(万元)

总成本费用从表1-7中转来,未分配利润从表1-6中转来。

第3年利润总额=-121.9万元,则该年亏损,亏损额为121.9万元,可知该年不计所得税。

第4年所得税=(159.4-121.9)×33%=12.38(万元)

第4年不计盈余公积金和应付利润。

第 5 年所得税 =(773.33 - 133.7) × 33% = 212.82(万元)

第 5 年税后利润 = 773.33 - 212.82 = 565.78(万元)

因该年的税后利润 + 折旧费 + 摊销费 = 565.78 + 371.24 + 75 = 10412.02(万元),大于当年应还本金 726.96 万元,所以该年为盈利年,应计盈余公积金:

第 5 年盈余公积金 =(565.78 - 133.7) × 10% = 43.21(万元)

第 5 年未分配利润从还本付息表中得来。

2. 计算投资利润率、投资利税率、资本金利润率。

年平均利润总额 =(778.6 + 874.76 + 919.76 × 4) ÷ 6 = 888.73(万元)

投资利润率 = 888.15 ÷(2907.84 + 1600 + 1000) × 100% = 16.14%

年平均利税总额 = 888.74 + 354 = 1242.74(万元)

投资利税率 = 1242.74 ÷(2907.84 + 1600 + 1000) × 100% = 22.56%

年平均税后利润 =(565.78 + 586.09 + 616.24 × 4) ÷ 6 = 602.81(万元)

资本金利润率 = 602.81 ÷(1600 + 500) × 100% = 28.71%

3. 编制自有现金流量表。

根据已编制的还本付息表和损益表中的数据及案例背景资料的数据,进行自有现金流量表的编制,见表 1-9。

自有现金流量表 (单位:万元) 表 1-9

序号	项目	1	2	3	4	5	6	7	8	9	10
1	现金流入			3850	4550	5900	5900	5900	5900	5900	7838
1.1	销售收入			3850	4550	5900	5900	5900	5900	5900	5900
1.2	回收固定资产余值										937.9
1.3	回收流动资金										1000
2	现金流出	1200	1500	4553	4884	5615	5595	4838	4838	4838	5338
2.1	自有资金	1200	1500	300	200						
2.2	经营成本			3050	3450	4150	4150	4150	4150	4150	4150
2.3	偿还贷款			971.6	948.3	898.1	802	30	30	30	30
2.3.1	固定资产本金偿还			727	727	727	727				
2.3.2	固定资产利息偿还			232.6	191.3	141.2	75				
2.3.3	流动资金本金偿还										500
2.3.4	流动资金利息偿还			12	30	30	30	30	30	30	30
2.4	销售税金及附加			231	273	354	354	354	354	354	354
2.5	所得税			0	12.38	212.8	288.7	303.5	303.5	303.5	303.5
3	净现金流量	-1200	-1500	-703	-334	285	305.4	1063	1063	1063	2500
4	累计净现金流量	-1200	-2700	-3403	-3069	-2784	-2479	-1416	-354	709	3209
5	折现系数 $i_c = 10\%$	0.909	0.826	0.751	0.683	0.621	0.564	0.513	0.467	0.424	0.386
6	折现净现金流量	-1091	-1239	-528	-228	177	172.2	543.3	496	450.7	965
7	累计折现净现金流量	-1091	-2330	-2857	-3085	-2908	-2736	-2193	-1697	-1247	-282

表中:固定资产余值 = 371.24 × 2 + 3907.84 × 5% = 937.87(万元)

通过表 1-9 可知:

项目的静态投资回收期 =(10 - 1) + | -228 | ÷ 2272 = 9.1(年)

因该项目第 10 年的折现累计净现金流量为负值,但其值较小,因此可以确定该项目的动态投资回收期不超过 10 年,也在计算期内。

4. 从财务角度评价项目的可行性。

通过上述计算可知，虽然该项目的投资利润率 = 16.14%（大于行业平均投资利润率 10% 的水平），投资利税率 = 22.56%（大于行业平均投资利税率 15% 的水平），资本金利润率 = 28.71%，但是，该项目的投资回收期却长达 9 年多，接近于项目的计算期，而且该项目的 FNPV = −282 万元 < 0，因此此项目风险较大，从财务评价上看不可行。

案例 6*

背景材料

某拟建项目，其基础数据如下：

固定资产投资总额为 5623.9 万元（其中包括无形资产 600 万元），建设期 2 年，运营期 8 年。

本项目固定资产投资来源为自有资金和贷款。自有资金在两年中均匀投入；贷款总额为 2000 万元，建设期内每年贷款 1000 万元，贷款年利率 10%，按年计息。与银行约定的还款方式为投产后的前 4 年内等额本息偿还。无形资产在运营期的 8 年内均匀分摊入成本中。固定资产残值为 300 万元，按直线法折旧，折旧年限为 12 年。

项目第 3 年投产，投产当年生产负荷为设计产能力的 70%，第 4 年为 90%，第 4 年以后均达到设计生产能力。流动资金全部为自有资金。

销售税金及附加费率为 6%，所得税率为 33%。

项目的资金投入、收益、成本见表 1-10。

某建设项目资金投入、收益成本表　（单位：万元）　表 1-10

序号	项　目	1	2	3	4	5	6	7	8～10
1	建设投资： 自有资金 贷款（不含利息）	 1529.45 1000	 1529.45 1000						
2	年销售额			3500	4500	5000	5000	5000	5000
3	年经营成本			2490.84	3202.51	3558.34	3558.34	3558.34	3558.34
4	流动资产（应收账款 + 现金 + 存货）			532	684	760	760	760	760
5	流动负债（应付账款）			89.83	115.5	128.33	128.33	128.33	128.33
6	流动资金			442.17	568.5	631.67	631.67	631.67	631.67

问题

1. 计算项目建设期贷款利息和固定资产折旧费及无形资产摊销费。
2. 编制项目的还本付息表、总成本费用表、损益表。
3. 编制项目的资金来源与运用表。
4. 编制项目的资产负债表。
5. 从清偿能力的角度分析项目的可行性。

注：* 本案例是 2006 版全国造价工程师培训教材《工程造价案例分析》中例题。

分析要点

本案例重点考核项目财务评价中,项目的固定资产投资借款偿还期、财务比率等清偿能力的指标计算与评价内容。为了考察拟建项目计算期内各年的财务状况和清偿能力,必须掌握项目的还本付息表、总成本费用表、损益表、资金来源与运用表以及资产负债表的编制。

问题1:建设期每年贷款利息额=(年初累计贷款额+当年贷款额÷2)×利率

问题2:项目运营期各年的最大还款能力=各年为分配利润+折旧费+摊销费

项目投产期每年等额本息偿还贷款额按以下公式计算:

$$A=P(A/P,i,n)=P[(1+i)^n\times i]/[(1+i)^n-1]$$

在损益表中,各项费用计算公式为:

利润总额=销售收入-总成本-销售税金及附加

所得税=(利润总额-上年度亏损)×所得税率

盈余公积金=(税后利润-上年度亏损)×10%

未分配利润=该年应偿还本金-折旧费-摊销费

当项目以最大还款能力方式偿还贷款时,未分配利润的计算有以下三种情况:

(1)还清贷款前:未分配利润=税后利润

(2)还清贷款当年:未分配利润=该年尚需偿还贷款额-折旧费-摊销费

(3)还清贷款后:未分配利润=0

问题3:盈余资金=资金来源-资金运用

问题4:在资产负债表的编制中,各项费用计算如下:

资产:是指流动资产总额(含流动资产和累计盈余资金)、在建工程、固定资产净值、无形资产和递延资产净值。

负债:指流动负债、贷款负债(含流动资金借款和建设投资借款)。

所有者权益:指累计盈余公积金和累积未分配利润。

要注意在计算最后一年的累积盈余资金时,应将资金来源与运用表中的数据减去其中的回收固定资产余值及自有流动资金。

问题5:清偿能力分析从借款偿还期和资产负债率来考虑。

在本案例中,因是运营期前4年等额本息偿还,则无需计算借款偿还期。

资产负债率=负债总额÷资产总额×100%

流动比率=流动资产总额÷流动负债总额×100%

答案

1. 计算项目建设期贷款利息和固定资产折旧费及无形资产摊销费。

建设期贷款利息的计算:

第1年贷款利息=(0+1000÷2)×10%=50(万元)

第2年贷款利息=(1000+50+1000÷2)×10%=155(万元)

建设期贷款利息总计=50+155=205(万元)

第3年初借款总计=1000+1000+205=2205(万元)

固定资产折旧费和无形资产摊销费的计算：

固定资产折旧费 =（5263.9 − 600 − 300）÷ 12 = 363.66（万元）

无形资产摊销费 = 600 ÷ 8 = 75（万元）

2. 编制项目的还本付息表、总成本费用表、损益表。

（1）进行还本付息表的编制：

投产后前 4 年每年应等额本息偿还额的计算为：

$A = P \times [(1+10\%)^4 \times 10\%]/[(1+10\%)^4 - 1] = 2025 \times 0.3155 = 695.61$（万元）

第 3 年应计的利息为 2205 × 10% = 220.5（万元）

则第 3 年应还本金 = 695.61 − 220.5 = 475.11（万元）

第 4 年初尚欠借款 = 2205 − 695.61 = 1729.89（万元）

第 4 年应计的利息 = 1729.89 × 10% = 172.99（万元）

则第 4 年应还本金 = 695.61 − 172.99 = 522.62（万元）

第 5 年与第 6 年也如上计算，结果见还本付息表（表 1-11）。

某项目还本付息表 （单位：万元） 表 1-11

序号	项 目	1	2	3	4	5	6
1	年初累计借款	0	1050	2205	1729.89	1207.27	632.39
2	本年新增借款	1000	1000				
3	本年应计利息	50	155	220.5	172.99	120.73	63.24
4	本年应还本息			695.61	695.61	965.61	695.61
4.1	本年应还利息			220.5	172.99	120.73	63.24
4.2	本年应还本金			475.11	522.62	574.88	632.39

（2）进行总成本费用表的编制，如表 1-12。

某项目总成本费用表 （单位：万元） 表 1-12

序号	项 目	3	4	5	6	7	8	9	10
1	年经营成本	2490.84	3202.51	3558.34	3558.34	3558.34	3558.34	3558.34	3558.34
2	年折旧费	363.66	363.66	363.66	363.66	363.66	363.66	363.66	363.66
3	年摊销费	75	75	75	75	75	75	75	75
4	长期借款利息	220.5	172.99	120.73	63.24				
5	总成本费用	3150	3814.16	4117.73	4060.24	3997	3997	3997	3997

该表中每年的经营成本已知，折旧费、摊销费及长期借款利息已计算，则该表可直接填写。

（3）进行损益表的编制，如表 1-13。

某 项 目 损 益 表 （单位：万元） 表 1-13

序号	项 目	3	4	5	6	7	8	9	10
1	年销售收入	3500	4500	5000	5000	5000	5000	5000	5000
2	销售税金及附加	210	270	300	300	300	300	300	300
3	总成本	3150	3814.16	4117.73	4060.24	3997	3997	3997	3997
4	利润总额	140	415.84	582.27	639.76	703	703	703	703

续上表

序号	项目	3	4	5	6	7	8	9	10
5	所得税	46.2	137.23	192.15	211.12	231.99	231.99	231.99	231.99
6	税后利润	93.8	278.61	390.12	428.64	471.01	471.01	471.01	471.01
7	盈余公积金	9.38	27.86	39.01	42.86	47.1	47.1	47.1	47.1
8	应付利润	47.97	166.79	214.89	192.07	423.91	423.91	423.91	423.91
9	未分配利润	36.45	83.96	136.22	193.73	0	0	0	0

表1-13中,各年的数据计算如下:

第3年销售税金及附加 = 3500 × 6% = 210(万元)

第3年利润总额 = 3500 − 3150 − 210 = 140(万元)

第3年应交所得税 = 140 × 33% = 46.20(万元)

第3年税后利润 = 140 − 46.20 = 93.80(万元)

第3年税后利润 + 折旧费 + 摊销费 = 93.8 + 363.66 + 75 = 532.46 万元,大于当年应还本金475.11万元(见表1-10),则第3年即为盈利年,所以:

第3年未分配利润 = 475.11 − 363.66 − 75 = 36.45(万元)

因第3年是盈利年,则可提取盈余公积金和应付利润:

第3年盈余公积金 = 93.8 × 10% = 9.38(万元)

第3年应付利润 = 93.8 − 9.38 − 36.45 = 47.97(万元)

其他各年如上述计算过程进行。

3.编制项目的资金来源与运用表(表1-14)。

某项目资金来源与运用表 (单位:万元) 表1-14

序号	项目	1	2	3	4	5	6	7	8	9	10
1	资金来源	2579	2684	1021	980.8	1084	1078	1142	1142	1142	3528
1.1	利润总额			140	415.8	582.3	639.8	703	703	703	703
1.2	折旧费			363.7	363.7	363.7	363.7	363.7	363.7	363.7	363.7
1.3	摊销费			75	75	75	75	75	75	75	75
1.4	贷款	1050	1155								
1.5	自有资金	1529	1529	442.2	126.3	63.17					
1.6	回收固定资产余值										1755
1.7	回收流动资金										631.7
2	资金运用	2579	2684	1011	953	1045	655.9	655.9	655.9	655.9	655.9
2.1	固定资产投资	2579	2684								
2.2	流动资金投资			442.2	126.3	63.17					
2.3	所得税			46.2	137.2	192.2	211.1	232	232	232	232
2.4	应付利润			47.97	166.8	214.9	192.1	423.9	423.9	423.9	423.9
2.5	借款还本			475.1	522.6	574.9	632.4				
3	盈余资金	0	0	9.38	27.86	39.01	42.84	485.8	485.8	485.8	485.8
4	累计盈余	0	0	9.38	37.24	76.25	119.1	604.9	1091	1576	4448

表 1-14 中：

(1)建设期各年借款总额为贷款本金与利息之和。

(2)自有资金额为：

固定资产投资 =(5263.9 - 1000 ×2) ÷2 =1529.45(万元)

由表 1-10 可知，在达产年每年需要的流动资金总额为 631.67 万元。则：

第 3 年投入的流动资金额 =442.17(万元)

第 4 年投入的流动资金额 =568.5 -442.17 =126.33(万元)

第 5 年投入的流动资金额 =631.67 -568.5 =63.17(万元)

因前三年陆续投入的流动资金额已达到流动资金总额量，则

第 6 ~10 年投入的流动资金额 =0(万元)

(3)回收固定资产余值 =363.66 ×4 +300 =1745.63(万元)

回收全部流动资金 =442.17 +126.33 +63.17 =631.67(万元)

4. 编制项目的资产负债表(表 1-15)。

某项目资产负债表 (单位:万元) 表 1-15

序号	项 目	1	2	3	4	5	6	7	8	9	10
1	资产	2579	5264	5367	5108	4784	4388	4425	4483	4530	4577
1.1	流动资产总额			541.4	721.2	836.3	879.1	1365	1851	2336	2822
1.1.1	流动资产			532	684	760	760	760	760	760	760
1.1.2	累计盈余资金	0	0	9.38	37.24	76.25	119.1	604.9	1091	1576	2062
1.2	在建工程	2579	5264								
1.3	固定资产净值			4300	3937	3573	3209	2846	2482	2118	1755
1.4	无形资产净值			525	450	375	300	225	150	75	0
2	负债及所有者权益	2579	5264	5367	5108	4784	4388	4425	4483	4530	4577
2.1	负债	1050	2205	1820	1323	760.7	128.3	128.3	128.3	128.3	128.3
2.1.1	流动负债			89.83	115.5	128.3	128.3	128.3	128.3	128.3	128.3
2.1.2	贷款负债	1050	2205	1730	1207	632.4					
2.2	所有者权益	1259	3059	3547	3785	4023	4260	4307	4354	4401	4448
2.2.1	资本金	1259	3059	3501	3627	3691	3691	3691	3691	3691	3691
2.2.2	累计盈余公积金	0	0	9.38	37.24	76.25	119.1	166.2	213.3	260.4	307.5
2.2.3	累计未分配利润资产负	0	0	36.45	120.4	256.6	450.3	450.3	450.3	450.3	450.3
	债率(%)	40.71	41.89	33.91	25.9	15.9	2.92	2.89	2.86	2.83	2.8
	流动比率			6.03	6.25	6.52	6.85	10.64	14.42	18.21	21.99

表 1-15 中，流动资产总额是指流动与累计盈余资金之和；流动资产见表 1-10，累计盈余见表 1-14，但计算期最后一年的累计盈余应从资金来源与运用表中的数据里减掉回收固定资产

余值和流动资金;固定资产净值指投产期逐年从固定资产中扣除折旧费后的固定资产余值;无形资产余值指投产期逐年从无形资产中扣除摊销费后的无形资产余值。表中,各年的资产应与各年的负债和所有者权益保持相等。

5. 从清偿能力的角度分析项目的可行性

根据损益表计算结果,该项目的贷款能按合同规定在投产后的前4年内等额本息还清,而且自投产年开始就是盈余年份,还清贷款后每年的资产负债率均保持在3%以内,流动比率大。这说明该项目偿债能力强,由此可认为该项目可行。

案例7

背景材料

某建设项目基本资料如下:

项目建设期一次性投入固定资产投资1000万元,均为自有资金,全部形成固定资产。项目的建设期为1年,运营期为8年。固定资产使用年限为8年,预计运营期末残值率为5%,按平均年限法计算折旧。

在运营期前两年平均每年投入流动资金100万元,全部为自有资金,在计算期末回收全部流动资金。

运营期第1年的生产负荷为75%,运营期第2年为达产年。运营期内正常年份各年的销售收入为580万元,经营成本为280万元。运营期第1年的销售收入和经营成本均按正常年份的75%计算。

销售税金及附加税率为6%,所得税率为33%,行业基准收益率为10%,基准投资回收期为10年。

问题

1. 编制该项目的全部投资现金流量表及其延长表。
2. 计算该项目的静态投资回收期与动态投资回收期。
3. 计算该项目的财务净现值与财务内部收益率。
4. 从财务评价的角度分析该项目的可行性及盈利能力。

分析要点

本案例重点考核项目财务评价中,项目的现金流量表的编制和利用现金流量表计算投资回收期、财务净现值及基于现金流量表延长表的财务内部收益率的计算。

问题3:用插值法计算项目的财务内部收益率。

$$FIRR = i_1 + (i_2 - i_1) \times [FNPV_1 \div (FNPV_1 + |FNPV_2|)]$$

上式中，$FNPV_1>0$，$FNPV_2<0$，且二者相差在3%左右。

答案

1. 编制该项目的全部投资现金流量表及其延长表（表1-16）。

某项目全部现金流量表及其延长表 （单位：万元） 表1-16

序号	项 目	1	2	3	4	5	6	7	8	9
1	现金流入									
1.1	销售收入		435	580	580	580	580	580	580	830
1.2	回收固定资产残值									50
1.3	回收流动资金									200
2	现金流出	1000	362.6	463.1	363.1	363.1	363.1	363.1	363.1	363.1
2.1	固定资产投资	1000								
2.2	流动资金		100	100						
2.3	经营成本		210	280	280	280	280	280	280	280
2.4	销售税金及附加		26.1	34.8	34.8	34.8	34.8	34.8	34.8	34.8
2.5	所得税		26.45	48.33	48.33	48.33	48.33	48.33	48.33	48.33
3	净现金流量	-1000	72.4	116.9	216.9	216.9	216.9	216.9	216.9	466.9
4	累计净现金流量	-1000	-928	-811	-594	-377	-160	57	274	741
5	折现系数 $i_c=10\%$	0.909	0.826	0.751	0.683	0.621	0.564	0.513	0.467	0.424
6	折现净现金流量	-909	59.8	87.79	148.1	134.7	122.3	111.3	101.3	198
7	累计折现净现金流量	-909	-849	-761	-613	-479	-356	-245	-144	54.3
8	折现系数 $i_c=11\%$	0.901	0.812	0.731	0.659	0.593	0.535	0.482	0.434	0.391
9	折现净现金流量	-901	58.9	85.5	142.9	128.6	116	104.5	94.1	182.6
10	累计折现净现金流量	-901	-842	-757	-614	-485	-369	-264	-170	13
11	折现系数 $i_c=12\%$	0.893	0.797	0.712	0.636	0.567	0.507	0.452	0.404	0.361
12	折现净现金流量	-893	64.7	83.2	137.9	123	110	98	87.6	161.3
13	累计折现净现金流量	-893	-828	-745	-607	-484	-374	-276	-189	-27.3

表1-16中：

每年折旧费 $=1000\times(1-5\%)\div8=118.75$（万元）

固定资产残值 $=1000\times5\%=50$（万元）

第2年的经营成本 $=280\times75\%=210$（万元）

因本案例没有长期借款和流动资金借款，所以每年的总成本费用只有经营成本和折旧费两项，则：

第2年总成本费用 $=210+118.75=328.75$（万元）

第3~9年总成本费用 $=280+118.75=398.75$（万元）

第2年的销售税金及附加费 $=580\times75\%\times6\%=26.1$（万元）

第2年的所得税 $=(580\times75\%-328.75-26.1)\times33\%=26.45$（万元）

第 3 ~9 年销售税金及附加费 =580 ×6% =34.8(万元)

第 3 ~9 年的所得税 =(580 -398.75 -34.8)×33% =48.33(万元)

2. 计算该项目的静态投资回收期与动态投资回收期。

(1)静态投资回收期的计算:

$$P_t = 7 - 1 + |-160| \div 216.9 = 7.74(\text{年})$$

(2)动态投资回收期的计算:

$$P'_t = 9 - 1 + |-144| \div 198 = 8.73(\text{年})$$

3. 计算该项目的财务净现值与财务内部收益率。

(1)财务净现值的计算:

$$FNPV = 54.3(\text{万元})$$

(2)财务内部收益率的计算:

通过现金流量表延长表的计算,当 $i_c = 11\%$ 时,NPV = 13 万元;当 $i_c = 12\%$ 时,NPV = -27.3万元。则:

$$\begin{aligned} FIRR &= i_1 + (i_2 - i_1) \times [FNPV_1 \div [FNPV_1 + |FNPV_2|] \\ &= 11\% + (12\% - 11\%) \times [13 \div (13 + |-27.3|)] \\ &= 11.32\% \end{aligned}$$

4. 从财务评价的角度分析该项目的可行性及盈利能力。

通过上述计算可知:该项目的静态投资回收期 $P_t = 7.74$ 年,动态投资回收期 $P'_t = 8.73$ 年,均小于项目的计算期,且小于行业的基准投资回收期(10 年);财务净现值 FNPV = 54.3 万元 >0;财务内部收益率 =11.23%,大于行业基准收益率(10%)。所以从财务评价角度来看,该项目是可行的。

案例 8

背景材料

某高速公路工程项目,设计交通流量为每年 200 万辆,该项目的初始投资额为 12000 万元,预计每辆车的通行费为 20 元,公路运营期为 10 年,每年的运营成本、维修费、大修摊销费等所有支出平均为 1700 万元,运营期末残值为 1000 万元,基准收益率为 12%。

问题

1. 以财务净现值为分析对象,就项目的的交通流量和投资额两因素,按 ±10%、±20% 变动时进行敏感性分析。

2. 根据各因素的敏感性判断该项目的风险性。

分析要点

本案例是不确定性分析中的一种方法,主要考察掌握各因素变化时对财务评价指标影响的计算方法。

答案

1. 以财务净现值为分析对象，就项目的的交通流量和投资额两因素按 ±10%、±20% 变动时进行敏感性分析。

根据净现值计算公式，可以计算初始条件下项目的净现值：

$$NPV_0 = -12000 + (20 \times 200 - 1700)(P/A, 12\%, 10) + 1000(P/F, 12\%, 10)$$
$$= -12000 + 2300 \times 5.650 + 1000 \times 0.3220$$
$$= 1317.5(\text{万元})$$

现在分别对年交通流量、投资额在初始基础数据上按 ±10%、±20% 变动时进行净现值的计算。

(1) 年交通流量在 ±10%、±20% 范围变动时：

$$NPV_{10\%} = -12000 + [20 \times 200(1 + 10\%) - 1700](P/A, 12\%, 10) + 1000(P/F, 12\%, 10)$$
$$= -12000 + 2700 \times 5.650 + 1000 \times 0.322$$
$$= 3577.5(\text{万元})$$

$$NPV_{20\%} = -12000 + [20 \times 200(1 + 20\%) - 1700](P/A, 12\%, 10) + 1000(P/F, 12\%, 10)$$
$$= -12000 + 3100 \times 5.650 + 1000 \times 0.322$$
$$= 5837.6(\text{万元})$$

$$NPV_{-10\%} = -12000 + [20 \times 200(1 - 10\%) - 1700](P/A, 12\%, 10) + 1000(P/F, 12\%, 10)$$
$$= -12000 + 190 \times 5.650 + 1000 \times 0.0322$$
$$= -942.6(\text{万元})$$

$$NPV_{-20\%} = -12000 + [20 \times 200(1 - 20\%) - 1700](P/A, 12\%, 10) + 1000(P/F, 12\%, 10)$$
$$= -12000 + 1500 \times 5.650 + 1000 \times 0.322$$
$$= -3202.7(\text{万元})$$

(2) 投资额在 ±10%、±20% 范围变动时：

$$NPV_{10\%} = -12000(1 + 10\%) + (20 \times 200 - 1700)(P/A, 12\%, 10) + 1000(P/F, 12\%, 10)$$
$$= -13200 + 230 \times 5.650 + 1000 \times 0.322$$
$$= 117.5(\text{万元})$$

$$NPV_{20\%} = -12000(1 + 20\%) + (20 \times 200 - 1700)(P/A, 12\%, 10) + 1000(P/F, 12\%, 10)$$
$$= -14400 + 230 \times 5.650 + 1000 \times 0.322$$
$$= -1082.5(\text{万元})$$

$$NPV_{-10\%} = -12000(1 - 10\%) + (20 \times 200 - 1700)(P/A, 12\%, 10) + 1000(P/F, 12\%, 10)$$
$$= -10800 + 230 \times 5.650 + 1000 \times 0.322$$
$$= 2517.5(\text{万元})$$

$$NPV_{-20\%} = -12000(1 - 20\%) + (20 \times 200 - 1700)(P/A, 12\%, 10) + 1000(P/F, 12\%, 10)$$
$$= -9600 + 230 \times 5.650 + 1000 \times 0.322$$
$$= 3717.5(\text{万元})$$

将计算结果列在表 1-17 中。

单因素敏感性分析表 表 1-17

变化幅度	-20%	-10%	0	10%	20%	平均 +1%	平均 -1%
交通流量	-3202.7	-942.6	1317.5	3577.5	5837.6	17.15%	-17.15%
投资额(万元)	3717.5	2517.5	1317.5	117.5	-1082.5	-9.11%	9.11%

由表 1-17 可以看出,在变化率相同的条件下,交通流量的变动对财务净现值的影响是最大的,其次是投资额。由此可见,财务净现值对交通流量和投资额这两个因素最敏感的是交通流量。因此,从方案决策的角度来看,应对该项目将来的交通流量进行更加准确的考察估算,以使未来交通流量的变化尽可能地向增加方向发展,以降低项目投资的风险。

2. 根据各因素的敏感性判断该项目的风险性。

通过上述分析可以看出,该项目对交通流量是非常敏感的,当 NPV =0 时,即:

$$-12000+[20\times200(1+x)-1700](P/A,12\%,10)+1000(P/F,12\%,10)=0$$

可求得,$x=5.8\%$

即只要交通流量下降超过 5.8%,那么该项目财务净现值就将为负值。

所以,该项目风险较大。

第二章

公路工程定额运用与造价编制

知识体系

1. 施工定额的形式，材料消耗定额、机械消耗定额的编制方法；
2. 概(预)算定额的编制；
3. 工程量计算及定额使用；
4. 概(预)算第一、二、三部分费用计算；
5. 综合指标、分项指标的使用；
6. 投资估算的编制。

案例 1

背景材料

用测时法进行人工挖基坑土方定额的测定，现场测定情况如表 2-1 所示。

测时法人工挖基坑土方定额现场测定表　　表 2-1

观察项目	工种	时间产量	观察资料			
			第一次	第二次	第三次	第四次
挖土出坑	普通工	工人数量	7	11	6	8
		耗时(min)	446	258	262	368
		产量(m^3)	27	24.1	13.5	25.2
清理整修坑底、坑壁	普通工	工人数量	7	5	6	4
		耗时(min)	25	26	28	20
		产量(m^3)	35	25	30	15
手推车运 20m	普通工	工人数量	7	8	6	4
		耗时(min)	110	120	121	128
		产量(m^3)	19.8	25.9	18.7	13.4

假定基坑体积为 $75m^3$，清理整修坑底、坑壁面积为 $36m^3$，运土体积为回填后多余的土体，体积为 $32m^3$，不考虑运土便道。

据经验，估计非工作耗时(指准备工作时间、合理中断和休息及结束整理时间)占定额时间的 15%。

问题

请用上述资料计算人工挖基坑土方的劳动定额，定额单位取 $10m^3$。工作内容为：人工挖、装基坑土方并运出坑外；20m 内弃土，清理基底、坑壁。

答案

1. 计算挖土出坑的定额时间。

挖土出坑基本时间消耗 = (7 × 446 + 11 × 285 + 6 × 262 + 8 × 368) ÷ (27 + 24.1 + 13.5 + 25.2)

= 119.967 (min/m^3)

挖土出坑定额时间耗时 = 119.967 ÷ 0.85 = 141.138 (min/m^3)

2. 计算清理整修坑底、坑壁的定额时间。

清理整修坑底、坑壁基本时间消耗 = (7 × 25 + 5 × 26 + 6 × 28 + 4 × 20) ÷ (35 + 25 + 30 + 15)

= 5.267 (min/m^3)

清理整修坑底、坑壁定额时间耗时 = 5.267 ÷ 0.85 = 6.196 (min/m^3)

3. 计算手推车运土的定额时间。

手推车运土基本时间消耗 = (7 × 110 + 8 × 120 + 6 × 121 + 4 × 128) ÷ (19.8 + 25.9 + 18.7 + 13.4)

= 38.149 (min/m^3)

手推车运土定额时间消耗 = 38.149 ÷ 0.85 = 44.881 (min/m^3)

4. 计算挖基坑土方的劳动定额。

挖基坑定额时间 = 141.138 × 75 + 6.196 × 36 + 44.881 × 32 = 12244.598 (min/m^3)

挖基坑的劳动定额 = 12244.598 ÷ 60 ÷ 8 ÷ 75 × 10 = 3.401 (工日/$10m^3$)

案例 2

背景材料

用工作量写实法，确定自卸汽车运输路基土方（装载机装车）的机械定额。已知各项基础参数如表 2-2 所示。

工作量写实法确定机械定额各项基础参数表　　表 2-2

项　目	装车时间	卸车时间	调位时间	等待时间	运行时间	
					重载	空车
时间消耗(min)	3.305	1.325	1.250	1.000	11.952	10.676

问题

1. 假定时间利用系数为 0.9，请问其循环工作时间和台班循环数是多少？

2. 假定自卸汽车的车箱容积为 $8m^3$，每天施工 12h，每天准备机具和保养等消耗的时间为 10min，试计算每 $1000m^3$ 时间定额。

答案

1. 计算循环工作时间。

循环工作时间 = 装车、卸车、调位、等待、运行所消耗的时间之和，即：

3.305 + 1.325 + 1.250 + 1.000 + 11.952 + 10.676 = 29.508 (min)

2. 计算台班循环次数。

台班循环次数 = 台班工作时间 × 时间利用系数 ÷ 循环工作时间，即：

$8 \times 60 \times 0.9 \div 29.508 = 14.64$（次）

3. 计算时间定额。

每天施工12h，自卸汽车的循环次数 = $(12 \times 60 - 10) \times 0.9 \div 29.508 = 21.655$（次）

每天完成的土方数量 = $21.655 \times 8 = 173.241$（$m^3$）

时间定额 = $12 \div 8 \div 173.241 \times 1000 = 8.658$（台班/1000$m^3$）

案例3

背景材料

用工作日写实法测算某项工作的测时数据如表2-3所示。

工作日写实法测算某项工作的测时数据表　　表2-3

项　目	测时编号									
	1	2	3	4	5	6	7	8	9	10
工程量（件）	15	24	30	20	10	15	20	40	20	25
耗时（h）	20.4	25.2	26.4	39.8	17.7	18.6	18.8	28.8	21.4	21.5

问题

1. 计算该工作完成一件产品的平均实耗工时和平均先进实耗工时。

2. 假定该工作的非工作耗时（指准备工作时间、合理中断、休息时间及结束整理时间）占定额时间的15%，请确定施工定额。

答案

1. 计算完成每件产品的耗时（表2-4）。

每件产品耗时表　　表2-4

项　目	测时编号									
完成每件产品耗时（h）	1	2	3	4	5	6	7	8	9	10
	1.36	1.05	0.88	1.99	1.77	1.24	0.94	0.72	1.07	0.86

2. 计算完成每件产品的平均耗时。

$(1.36 + 1.05 + 0.88 + 1.99 + 1.77 + 1.24 + 0.94 + 0.72 + 1.07 + 0.86) \div 10 = 1.188$（h/件）

3. 计算完成每件产品的先进平均耗时。

$(1.05 + 0.88 + 0.94 + 0.72 + 1.07 + 0.86) \div 6 = 0.92$（h/件）

4. 计算完成每件产品的平均先进耗时。

$(1.188 + 0.92) \div 2 = 1.054$（h/件）

5. 计算完成每件产品的施工定额。

1.054 ÷ (1 − 15%) ÷ 8 = 0.155（工日/件）

案例 4

背景材料

人工挖路基土方，土壤为普通土，挖 $1m^3$ 需消耗基本工作时间 60min，辅助工作时间占工作班连续时间的 2%，准备与结束工作时间占工作班连续时间的 2%，不可避免的中断时间占工作班连续时间的 1%，休息时间占工作班连续时间的 15%。

问题

1. 计算该人工挖普通土劳动定额的时间定额。
2. 计算该人工挖普通土劳动定额的产量定额。

答案

1. 计算时间定额。

假定完成 $1m^3$ 普通土开挖需要的工作班延续时间为 x，则：

$x = 60 + 2\%x + 2\%x + 1\%x + 15\%x$

$x = 60 \div (1 - 2\% - 2\% - 1\% - 15\%) = 75(\text{min})$

若每工日按 8 小时计算，则人工挖 $1m^3$ 普通土需要的时间定额为：

$x \div 60 \div 8 = 75 \div 60 \div 8 = 0.15625$（工日/$m^3$）

2. 计算产量定额。

产量定额 = 1 ÷ 时间定额 = 1 ÷ 0.15625 = 6.40（工日/m^3）

案例 5

背景材料

某桥梁结构物花岗岩贴面工程，定额测定资料如下：

1. 完成 $1m^2$ 花岗岩贴面消耗的基本工作时间为 240min；辅助工作时间占工作班连续时间的 2%，准备与工作时间占工作班连续时间的 2%，不可避免的中断时间占工作班连续时间的 1%，休息时间占工作班连续时间的 15%。

2. 每贴面 $100m^2$ 花岗岩需消耗 M7.5 水泥砂浆 $5.55m^3$，花岗岩板 $102m^2$，白水泥 15kg，铁件 34.87kg，塑料薄膜 $28.05m^2$，水 $1.53m^3$（注：材料消耗中均已包含场内运输及操作损耗量）。

3. 水泥砂浆用200L灰浆搅拌机拌和，劳动组合为25个生产工人/班组。

4. 人工幅度10%，机械幅度差5%。

5. 该工程所在地的预算价格如下：

(1) 人工工资单价：43.89元/工日；

(2) 花岗岩板预算价格：300.00元/m^2；

(3) 白水泥预算价格：450.00元/t、32.5级普通硅酸盐水泥预算价格：320.00元/t；

(4) 铁件预算价格：5.33元/kg；

(5) 塑料薄膜预算价格：1.00元/m^2；

(6) 水预算价格：1.50元/m^3；

(7) 电预算价格：0.80元/(kW·h)；

(8) 中(粗)砂预算价格：40.00元/m^3。

(9) 200L灰浆搅拌机台班单价：62.47元/台班。

6. 已知：1m^3M7.5砂浆配合比消耗量，需消耗32.5级水泥0.266t，需消耗中(粗)砂1.09m^3。

问题

1. 计算完成1m^2花岗岩贴面的劳动定额的时间定额与产量定额。

2. 编制花岗岩贴面的补充预算定额(计量单位为100m^2)。

3. 计算每100m^2花岗岩贴面的定额基价、直接工程费。

答案

1. 计算完成1m^2花岗岩贴面的劳动定额。

假定花岗岩贴面的工作班连续时间为x，则：

$x = 240 + 2\%x + 2\%x + 1\%x + 15\%x$

$x = 300(\text{min}/m^2)$

$$时间定额 = \frac{300}{60 \times 8} = 0.625(工日/m^2)$$

$$产量定额 = \frac{1}{0.625} = 1.6(工日/m^2)$$

2. 计算每100m^2补充预算定额。

人工数量 $= 0.625 \times 1.1 \times 100 = 68.75$(工日)

铁件数量 $= 34.87 \times 1 = 34.87$(kg)

白水泥数量 $= 0.015 \times 1 = 0.015$(t)

32.5级水泥数量 $= 0.266 \times 5.55 = 1.477$(t)

水数量 $= 1.53 \times 1 = 1.53(m^3)$

花岗岩板数量 $= 102 \times 1 = 102(m^2)$

中(粗)砂数量 $= 1.09 \times 5.55 = 6.05(m^3)$

塑料膜数量 $=28.05\times1=28.05(m^2)$

200L 砂浆搅拌机数量 $=0.625\times100\div25\times1.05=2.63$(台班)

3. 计算每 $100m^2$ 花岗岩贴面的定额基价、直接工程费。

每 $100m^2$ 花岗岩贴面的定额基价为:

$68.75\times49.20+34.87\times4.40+0.015\times550+1.477\times320+1.53\times0.5+102\times300+6.05\times60+28.05\times1+2.63\times64.43=35178$(元)

每 $100m^2$ 花岗岩贴面的直接工程费为:

$68.75\times43.89+34.87\times5.33+0.015\times450+1.477\times320+1.53\times1.5+102\times300+6.05\times40+28.05\times1+2.63\times62.47=34719$(元)

案例 6

背景材料

某高速公路建设项目部路基土石方的工程量(断面方)见表 2-5:

路基土石方的工程量(断面方)数量表 (单位:m^3) 表 2-5

挖方		利用方填方		借方填方	
普通土	次坚石	土方	石方	普通土	次坚石
470700	104500	382400	1033700	200000	11500

问题

1. 请问本项目土石方的计价方数量、断面方数量、利用方数量(天然密实方)、借方数量(天然密实方)和弃方数量各是多少?

2. 假设土的压实干密度为 $1.35t/m^3$,自然状态土的含水率约低于其最佳含水率 2.5%,请问为达到压实度的要求,应增加的用水量是多少?

3. 假设填方路段路线长 10.00km,路基宽度为 28.00m,大部分均为农田,平均填土高度为 4.00m,边坡坡率为 1:1.25。请问耕地填前压实的工程量应是多少?

答案

1. 计算计价方数量。

$470700+1045000+200000+11500=1727200(m^3)$

2. 计算断面方数量。

$470700+1045000+200000+11500+382400+1033700=3143300(m^3)$

3. 计算利用方数量。

$382400\times1.16+11500\times0.92=1394588(m^3)$

4. 计算借方数量。

$200000\times1.16+11500\times0.92=242580(m^3)$

5. 计算弃方数量。

470700 − 382400 × 1316 + 1045000 − 1033700 × 0.92 = 12112(m^3)

6. 计算土方压实需加水数量。

(382400 + 200000) × 1.35 × 2.5% = 19656(m^3)

7. 计算耕地填前压实数量。

10000 × (28 + 4 × 1.25 × 2) = 380000(m^2)

案例 7

背景材料

某平原微丘区二级公路,路线总长度为30km,其路基土、石方工程的设计资料如表2-6。

路基土、石方工程设计资料表 表2-6

序 号	项 目 名 称	单 位	数 量	附 注
1	本桩利用土方	m^3	22000	硬土
2	远运利用土方	m^3	48000	硬土,运距250m
3	借土方	m^3	620000	硬土,运距4 km
4	填土方	m^3	690000	
5	木桩利用石方	m^3	9000	软石
6	远运利用石方	m^3	77000	软石,运距200m
7	填石方	m^3	93478	

问题

1. 计算路基设计断面方、计价方数量。

2. 若编制施工图预算建筑所在地的各项预算价格,以额基价为基础上调10%计算,编制该路基土、石方的施工图预算建筑安装工程费(注:其他直接费、现场经费和间接费不计)。

答案

1. 计算设计断面方、计价方数量。

(1)设计断面方数量:

设计断面方数量 = 挖方数量 + 填方数量

挖土方数量 = (22000 + 48000) × 1.09 = 76300(m^3)

挖石方数量 = 90000 + 77000 = 86000(m^3)

挖方数量 = 690000 + 93478 = 783478(m^3)

断面方数量 = 76300 + 86000 + 783478 = 954778(m^3)

(2)计价方数量:

计价方数量 = 挖方数量 + 借方数量 = 断面方数量 − 利用方数量

76300 + 86000 + 620000 = 782300 (m^3)

或 945778 − 22000 − 48000 − (9000 + 77000) ÷ 0.92 = 782300(m^3)

2. 计算建筑安装工程费。

(1)定额直接工程费:

定额直接费计算见表2-7。

定额直接工程费计算表　　表2-7

项目名称	定额代号	单位	数量	基价(元)	调整系数	定额直接工程费(元)
135kW推土机推土(第一个20m)	1-1-12-15	$1000m^3$	22	2199	1.09	52732
135kW推土机推土(增运10m)	1-1-12-16	$1000m^3$	22	521	1.09	12494
$8m^3$铲运机铲土(第一个100m)	1-1-13-3	$1000m^3$	48	3650	1.09	190968
$8m^3$铲运机铲土(增运150m)	1-1-13-4	$1000m^3$	48	434	1.09×3	68121
135kW推土机推松集土	1-1-12-16	$1000m^3$	620	2199	1.09×0.8	1188867
$3m^3$装载机装土	1-1-10-3	$1000m^3$	620	985	1.20	732840
12t自卸汽车运土(第一个1km)	1-1-11-17	$1000m^3$	620	4124	1.20	3068256
12t自卸汽车运土(增运3km)	1-1-11-18	$1000m^3$	620	548	1.2×6	2446272
15t振动压路机碾压土方	1-1-18-9	$1000m^3$	690	3218		2220420
135kW推土机推石(第一个20m)	1-1-15-24	$1000m^3$	9	8944		80496
135kW推土机推石(增运10m)	1-1-15-27	$1000m^3$	9	1195		10755
135kW推土机推石(第一个20m)	1-1-15-24	$1000m^3$	77	8944	0.8	550950
$1m^3$装载机装石	1-1-10-1	$1000m^3$	77	1042		80234
机动翻斗车运石(第一个100m)	1-1-8-2	$1000m^3$	77	6453		496881
机动翻斗车运石(增运100m)	1-1-8-4	$1000m^3$	77	389	2	59906
15t振动压路机碾压石方	1-1-18-20	$1000m^3$	690	6367		4393032
合计						15653422

(2)直接工程费 = 15653422 × (1 + 10%) = 17218764(元)

(3)利润 = 17218764 × 7% = 1205313(元)

(4)税金 = (17218764 + 1205313) × 3.41% = 628261(元)

(5)建筑安装工程费 = 17218764 + 1205313 + 628261 = 19052338(元)

案例8

背景材料

某二级公路第×合同长15km,路基宽12m,其中挖方路段长4.5 km,填方路段长10.5 km,施工图设计图纸提供的路基土石方如表2-8所示。

路基土石方表 (单位:m^3)　　表2-8

挖方		本桩利用		远运利用		填方
普通土	软石	土方	石方	土方	石方	
150000	75000	35000	15000	115000	50000	550000

注:表中挖方、利用方均指天然密度实方,填方指压实方。

已知:远运利用土、石方的平均运距为400m,借方、弃方的平均运距为3km。

问题

请根据上述资料列出该土石方工程造价所涉及的相关定额的名称、单位、定额代号、数量等内容,并填入表格中,需要时应列式计算或文字说明。

答案

1. 计算借方数量(压实方)。

计算利用方数量(压实方) = (35000 + 115000) ÷ 1.16 + (15000 + 50000) ÷ 0.92

= 199963(m^3)

借方数量计算(天然密实方):(550000 − 199963) × 1.16 = 406043 (m^3)

2. 计算弃方数量。

弃土方数量(天然密实方) = 150000 − 35000 − 115000 = 0(m^3)

弃石方数量(天然密实方) = 75000 − 15000 − 50000 = 10000(m^3)

3. 计算整修路拱数量。

12 × 15000 = 180000(m^2)

4. 计算零填及挖方路段路基碾压数量。

12 × 4500 = 54000(m^2)

5. 最终结果:

该土石方工程造价所涉及的相关定额的名称、单位、定额代号、数量等内容,见表 2-9。

土石方工程项目造价分项表　　表 2-9

序号	工程细目		定额代号	单位	数量	定额调整或系数
1	135kW 推土机推土方(第一个 20m)		1-1-12-14	1000m^3	35	
2	135kW 推土机推石方(利用方)(第一个 20m)		1-1-15-24	1000m^3	60	0.8
3	135kW 推土机推石方(第一个 20m)		1-1-15-24	1000m^3	15	
4	10m^3 铲运机铲运土方	第一个 100m	1-1-13-6	1000m^3	115	
5		增运 300m	1-1-13-8	1000m^3	115	6
6	12t 自卸汽车运弃石方	3.0m^3 装载机装车	1-1-10-6	1000m^3	10	
7		第一个 1km	1-1-11-45	1000m^3	10	
8		增运 2km	1-1-11-46	1000m^3	10	4
9	12t 自卸汽车运借土方 2.0m^3	2.0m^3 挖掘机装土	1-1-9-8	1000m^3	406.043	
10		第一个 1km	1-1-11-45	1000m^3	406.043	
11		增运 2km	1-1-11-46	1000m^3	406.043	4
12	碾压土方(15t 以内振动压路机)		1-1-18-9	1000m^3	479.348	
13	碾压石方(15t 以内振动压路机)		1-1-18-20	1000m^3	70.652	
14	零填及挖方路段碾压(15t 以内振动压路机)		1-1-18-31	1000m^2	54	
15	整修边坡		1-1-20-3	1 km	15	
16	整修路拱		1-1-20-1	1000m^2	180	
17	装载机装石方(远运石方)		1-1-10-4	1000m^3	50	
18	机动翻斗车运	第一个 100m	1-1-8-2	1000m^3	50	
19		增运 300m	1-1-8-4	1000m^3	50	6

案例 9

背景材料

××高速公路路基土、石方工程，计有挖土方 3000000m^3，其中松土 500000m^3、普通土 1500000m^3、硬土 1000000m^3；利用开挖土方作填方用计天然密实方松土 300000m^3、普通土 1000000m^3、硬土 500000m^3；开炸石方计 1000000m^3，利用开炸石方作填方用计天然密实方 300000m^3；填方计压实方 4000000m^3。

问题

1. 计算路基设计断面方数量。
2. 计算计价方数量。
3. 计算利用方数量(压实方)。
4. 计算借方数量(压实方)。
5. 计算弃方数量。

答案

1. 计算路基设计断面方数量。

设计断面方 = 挖方(天然密实方) + 填方(压实方) = 挖方(天然密实方) + 借方(压实方)

$= 3000000 + 1000000 + 4000000 = 8000000(m^3)$

2. 计算计价方数量。

计价方 = 挖方(天然密实方) + 填方(压实方) − 利用方(压实方)

$= 8000000 - (300000 \div 1.23 + 1000000 \div 1.16 + 500000 \div 1.09 + 300000 \div 0.92)$

$= 6109226(m^3)$

3. 计算利用方数量。

$300000 \div 1.23 + 1000000 \div 1.16 + 500000 \div 1.09 + 300000 \div 0.92 = 1890774(m^3)$

4. 计算借方数量。

借方 = 填方(压实方) − 利用方(压实方) $= 4000000 - 1890774 = 2109226(m^3)$

5. 计算弃方数量。

弃方 = 挖方(天然密实方) − 利用方(天然密实方)

$= 3000000 + 1000000 - (300000 + 1000000 + 500000 + 300000) = 1900000(m^3)$

案例 10

背景材料

某标段高速公路路基上石方设计，无挖方，按断面计算的填方数量 201000m^3，平均填土高度 5.0m，边坡坡度 1∶1.5。本标段路线长度 6km，路基宽度为 26m，地面以上范围内填方中 40% 从其他标段调用，平均运距为 3000m，其他为借方，平均运距为 2000m(均按普通土考虑)。为保证路基边缘的压实度须加宽铺筑，宽填宽度为 50cm，完工后要刷坡但不远运。假设填前压实沉陷厚度为 15cm，土的压实干密度为 1.4t/m^3，自然土的含水量约低于其最佳含水量 2%，水的平均运距为 1km。

问题

列出编制本项目土方石方施工图预算所需的全部工程细目名称、单位、定额代号、数量等内容，并填入表格，需要时应列式计算。

答案

1. 计算路基填前压实沉陷增加数量。

$6000 \times (26 + 5 \times 1.5 \times 2) \times 0.15 = 36900(m^3)$

2. 计算路基宽填增加数量。

$6000 \times 0.5 \times 2 \times 5 = 3000(m^3)$

3. 计算实际填方数量。

$20100 + 30000 + 36900 = 267900(m^3)$

4. 计算利用方数量。

$201000 \times 40\% = 80400(m^3)$

5. 计算借方数量。

$267900 - 80400 = 187500(m^3)$

6. 计算填前压实数量。

$6000 \times (26 + 5 \times 1.5 \times 2) = 246000(m^2)$

7. 计算土方压实需加水数量。

$267900 \times 1.4 \times 2\% = 7501(m^3)$

8. 计算整修路拱数量。

$6000 \times 26 = 156000(m^2)$

9. 本项目土方石方施工图预算所需的全部工程细目名称、单位、定额代号、数量等内容，见表 2-10。

土石方工程项目预算分项表 表 2-10

序号	工程细目		定额代号	单位	数量	定额调整或系数
1	$3m^3$ 装载机装土(远运利用方)		1-1-10-3	$1000m^3$	80.4	1.16
2	15 自卸汽车运土方(远运利用方)	第一个 1km	1-1-11-21	$1000m^3$	80.4	1.19
3		增运 2km	1-1-11-22	$1000m^3$	80.4	1.19×4
4	$2m^3$ 挖掘机装土(借方)		1-1-9-8	$1000m^3$	187.5	1.16
5	15 自卸汽车运土方(借方)	第一个 1km	1-1-11-21	$1000m^3$	187.5	1.19
6		增运 1km	1-1-11-22	$1000m^3$	187.5	1.19×2
7	土方碾压		1-1-18-9	$1000m^3$	267.9	
8	土方洒水(1000L 洒水车)第一个 1km		1-1-22-13	$1000m^3$	7.501	
9	土方洒水(1000L 洒水车)增运 0.5km		1-1-22-14	$1000m^3$	7.501	
10	耕地填前压实		1-1-5-4	$1000m^2$	246	
11	刷坡		1-1-21-2	$1000m^3$	30	
12	整修路拱		1-1-20-1	$1000m^2$	156	
13	整修边坡		1-1-20-3	1km	6	

案例 11

背景材料

××公路工程中路面基层为 30cm 厚的石灰砂砾土,计 $350000m^2$,拟分为两层施工。底层厚度为 15cm,采用稳定土拌和机拌和施工;上层厚度为 15cm,采用厂拌法施工,15t 自卸汽车运 3km,石灰含量均为 5%。

问题

1. 按交通部颁布的 2008 年定额基价计算石灰砂砾土基层的定额直接工程费。
2. 分析两种施工方法所需主要机械设备的型号和数量。

注:假定基层施工期为 6 个月,每月工作日 22 天,机械设备幅度差 1.43(指施工产量定额换算为预算定额的幅度差);厂拌法施工所需稳定土厂拌设备安装、拆除以及场地清理、平整、垫层、碾压不包括在内。

答案

1. 石灰砂砾土基层定额直接工程费见表 2-11。

石灰砂砾土基层定额直接工程费计算结果表 表 2-11

序号	工程细目	单位	数量	定额代号	定额基价(元)	定额直接工程费(元)
1	15cm 石灰砂砾土稳定土基层(路拌)	$1000m^2$	350	2-1-3-25	8034	2811900
2	15cm 石灰砂砾土稳定土基层(厂拌)	$1000m^2$	350			4573100
2.1	厂拌设备拌和 300t/h	$1000m^2$	350	2-1-7-19	5931	2075850

续上表

序号	工程细目	单位	数量	定额代号	定额基价（元）	定额直接工程费（元）
2.2	15t 自卸汽车运第一个 1km	$1000m^2$	350	2-1-8-21	4042	1414700
2.3	15t 自卸汽车运每增运 1km	$1000m^2$	350	2-1-8-22	452×4	632800
2.4	机械铺筑（平地机 120kW）	$1000m^2$	350	2-1-9-3	1286	449750
定额直接费合计						7385000

2. 施工 6 个月，每月工作日 22 天，机械设备幅度差 1.43，定额消耗量除以 6×22×1.43 = 188.76，即为每天一班工作制所需的施工机械数量。计算结果见表 2-12。

一班工作制所需的施工机械数量表　　表 2-12

机械设备名称	15cm 石灰砂砾土（路拌）		15cm 石灰砂砾土（厂拌）		施工机械消耗量合计	计划一班工作制配备台数
120kW 平地机	0.37	129.5	0.37	129.5	259.0	2
6～8t 光轮压路机	0.27	94.5	0.14	49.0	143.5	1
12～15t 光轮压路机	1.27	444.5	1.27	444.5	889.0	5
235kW 稳定土拌和机	0.29	101.5			101.5	1
6000L 洒水汽车	0.88	308.0	0.31	108.5	416.5	3
$3m^3$ 装载机			0.41	143.5	143.5	1
300t/h 以内稳定土厂拌设备			0.21	73.5	73.5	1
15t 自卸汽车第一个 1km			5.90	206.5	1011.7	6
15t 自卸汽车每增运 2km			0.66×4	805.2		

注：本案例主要考核对于两种不同的施工方法应如何选用定额。机械设备的数量一般可按如下计算：

数量 = 按定额计算的消耗量 ÷ 施工期（天）÷ 幅度差 ÷ 每天工作时间

案例 12

背景材料

某公路采用沥青混凝土路面。施工图设计的路面面层为中粒式沥青混合料，厚度为 15cm(4+5+6)。其中某标段路线长度 30km，面层数量为 $710850m^2$，要求采用集中拌和施工。在施工过程中，由于某种原因造成中面层施工结束后相隔较长时间才铺筑上面层。根据施工组织设计资料。

在距路线两端 1/3 处各有一块比较平坦的场地，且与路线间约有 2km 的土质机耕道相连。路面施工工期 12 个月。

问题

请按不同结构分别列出本标段路面工程造价所涉及的相关定额的名称、单位、定额代号、数量等内容，并填入表格中，需要时应列式计算。

答案

1. 计算面层混合料综合平均运距。

根据施工工期安排，沿线应设沥青混合料拌和站一处，每处占地 18000～$20000m^2$，安装100～150t/h 沥青拌和设备 2 台，其混合料综合平均运距为：$\frac{10\times5+20\times10}{30}+2=10.33(km)$，按 10km 考虑。

2. 计算拌和站场地处理面积。

拌和站考虑场地平整，铺设砂砾垫层，并考虑 30% 用水泥砂浆抹面处理。场地面积按一处沥青混合料拌和站 $20000m^2$ 综合考虑，砂砾面层按场地面积的 60% 计算，即平整场地面积为 $20000m^2$。

砂砾垫层面积 $=20000\times60\%=12000(m^2)$

水泥砂浆抹面 $=20000\times30\%=6000(m^2)$

3. 本标段路面工程造价所涉及的相关定额的名称、单位、定额代号、数量等内容见表 2-13。

路面工程预算分项表　　表 2-13

序号	工程细目	定额代号	单位	数量	定额调整或系数
1	透层沥青	2-2-16-3	$1000m^2$	710.85	
2	沥青混凝土面层拌和	2-2-11-12	$1000m^3$	106.628	
3	15t 自卸汽车运第一个 1km	2-2-13-21	$1000m^3$	106.628	
4	15t 自卸汽车运增运 9km	2-2-13-23	$1000m^3$	106.628	18
5	沥青混合料摊铺	2-2-14-28	$1000m^3$	106.628	
6	黏层沥青	2-2-16-5	$1000m^2$	1421.70	
7	沥青混合料拌和设备安拆	2-2-15-6	1 座	2	
8	拌和站场地平整	4-11-1-1	$1000m^2$	20	
9	拌和站铺设砂砾垫层	4-11-5-1	$1000m^2$	12	
10	拌和站场地碾压	4-11-1-2	$1000m^2$	12	
11	拌和站水泥砂浆抹面	4-11-6-17	$100m^2$	60	
12	拌和站挖排水沟	1-1-6-2	$1000m^3$	1.92	
13	拌和站排水沟铺砌	1-2-3-1	$10m^3$	21.6	
14	临时便道	7-1-1-1	km	2	
15	便道路面	7-1-1-5	km	2	
16	便道养护		km·月	24	

案例 13

背景材料

为保护生态环境，某公路施工图设计有一明洞工程，长 51m，其主要工程量见表 2-14。

隧道工程数量表　　表 2-14

隧道洞身开挖(m^3)	现浇拱墙		现浇拱部		回填土(m^3)	路面(m^2)
	混凝土(m^3)	钢筋(t)	混凝土(m^3)	钢筋(t)		
8780	2500	103	1700	131	1959	1200

已知：遂道断面积为 $156m^2$，其中拱部面积为 $88m^2$。隧道洞身开挖中Ⅱ类围岩占90%，III 类围岩占 10%，弃渣平均运距离为 3km；洞内路面设计为中粒式沥青混凝土，厚度为 15cm，混合料平均运距为 4km。

问题

请根据上述资料列出本隧道工程造价所涉及的相关定额的名称、单位、定额代号、数量等内容，并填入表格中，需要时应列式计算或文字说明。

答案

1. 计算开挖数量。

开挖软Ⅱ类围岩石质：$8700 \times 0.9 = 7902(m^3)$

开挖Ⅲ类围岩石质：$8700 \times 0.1 = 878(m^3)$

2. 计算路面沥青混凝土数量。

$1200 \times 0.15 = 180(m^3)$

3. 隧道工程造价所涉及的相关定额的名称、单位、定额代号、数量等内容，见表 2-15。

隧道工程造价预算分项表 表 2-15

序号	工程细目				定额代号	单位	数量	定额调整或系数
1	开挖	土质	$3m^3$ 挖掘机挖装		1-1-9-8	$1000m^3$	7.902	
2			12t 自卸汽车运输	第一个 1km	1-1-11-17	$1000m^3$	7.902	
3				增运 2km	1-1-11-18	$1000m^3$	7.902	4
4		石质	135kW 推土机推炸		1-1-15-30	$1000m^3$	0.878	0.8
5			$3m^3$ 装载机装		1-1-10-7	$1000m^3$	0.878	
6			12t 自卸汽车运输	第一个 1km	1-1-11-45	$1000m^3$	0.878	
7				增运 2km	1-1-11-46	$1000m^3$	0.878	4
8	现浇拱墙		混凝土		3-1-18-4	$10m^3$	250	
9			钢筋		3-1-18-5	1t	103	
10	现浇拱部		混凝土		3-1-18-4	$10m^3$	170	
11			钢筋		3-1-18-5	1t	131	
12			拱盔		4-9-2-1	$10m^2$	8.8	人工、机械×1.26
13			支架		4-9-3-2	$10m^2$	6.8	人工、机械×1.26
14	回填		回填土方		3-1-19-4	$10m^3$	195.9	人工、机械×1.26
15	路面		沥青混凝土拌和		2-2-11-10	$1000m^3$	0.18	人工、机械×1.26
16			12t 自卸汽车运输	第一个 1km	2-2-13-17	$1000m^3$	0.18	人工、机械×1.26
17				增运 3km	2-2-13-18	$1000m^3$	0.18	人工、机械 6×1.26
18	沥青混凝土铺筑				2-2-14-16	$1000m^3$	0.18	人工、机械×1.26
19	混凝土拌和 250L				4-11-11-1	$10m^3$	420	
20	1t 以内机动翻斗车运输 100m				4-11-11-16	$100m^3$	420	

案例 14

背景材料

某分离式山区高速公路隧道，全长 1462m，主要工程量为：

1. 洞门部分：开挖土石方 6000m^3，其中Ⅱ类围岩 30%、Ⅲ类围岩 70%；浆砌片石墙体 1028m^3，浆砌片石截水沟 69.8m^3。

2. 洞身部分：设计开挖断面为 162m^2，开挖土石方 247180m^3，其中Ⅱ类围岩 10%、Ⅲ类围岩 70%、Ⅳ类围岩 20%；钢支撑 445t；喷射混凝土 10050m^3，钢筋网 138t，Φ25 锚杆 12600m，Φ22 锚杆 113600m，拱墙混凝土 25259m^3，1 级钢筋 16t，Ⅱ级钢筋 145t。

3. 洞内路面：21930m^2，水泥混凝土面层厚 26cm。

4. 洞外出渣运距为 1200m。

5. 隧道防排水、洞内管沟、装饰、照明、通风、消防等不考虑。

问题

请列出该隧道工程施工图预算所涉及的相关定额的名称、单位、定额代号、数量、定额调整等内容，并填入表格中，需要时应列式计算或文字说明。

答案

1. 计算洞门开挖数量。

开挖土质：$6000 \times 0.3 = 1800$ (m^3)

开挖石质：$6000 \times 0.7 = 4200$ (m^3)

2. 计算洞身开挖数量。

由于 $162 \times 1462 = 236844$ (m^3)，小于题目中给定的开挖数量 247180m^3，说明在题目中给定的洞身开挖数量中包涵有超挖数量，按定额规定，超挖数量是不能计价的。

按定额中的工程量计算规则：

开挖数量 = 设计开挖断面 × 隧道长度

则计价工程量应为：

开挖土质：$162 \times 1462 \times 0.1 = 23684.4$ (m^3)

开挖软石：$162 \times 1462 \times 0.7 = 165790.8$ (m^3)

开挖次坚石：$162 \times 1462 \times 0.2 = 47368.8$ (m^3)

3. 计算锚杆数量。

$0.0252 \times 12600 + 0.0222 \times 113600 = 2839.44$ (t)

4. 定额调整。

洞外出渣运距为 1200m，超过定额中规定的 500m 超出部分按路基工程自卸汽车运输土方的增运定额套用，增运距离 = 1200 − 500 = 700（m）。

5. 计算结果：

隧道工程施工图预算所涉及的相关定额的名称、单位、定额代号、数量、定额调整等内容见表2-16。

隧道工程施工图预算分项表　　　　表 2-16

序号	工程细目				定额代号	单位	数量	定额调整或系数
1	洞口	开挖	土质		1-1-9-8	$1000m^3$	1.8	
2、3			软石		1-1-9-13	$100\ m^3$	42	
4			弃渣洞外运输	土	1-1-11-17	1000^3	1.8	
5、6				石	1-1-11-45	$1000m^3$	4.2	
7		浆砌片石墙体			3-2-1-4	$10m^3$	102.8	
8		浆砌片石截水沟			1-2-3-1	$10m^3$	6.98	
9	洞身	开挖	Ⅱ级围岩		3-1-3-8	$100m^3$	236.844	
10			Ⅲ级围岩		3-1-3-9	$100m^3$	1657.908	
11			Ⅳ级围岩		3-1-3-10	$100m^3$	473.688	
12			弃渣洞外运输	Ⅰ～Ⅲ级	3-1-3-40	$100m^3$	1894.752	
13				增运 1km	1-1-11-11	$1000m^3$	189.4752	
14				Ⅴ～Ⅵ级	3-1-3-41	$100m^3$	473.688	
15				增运 1km	1-1-11-45	$1000m^3$	47.3688	
16		支护	钢支撑		3-1-5-1	1t	445	
17			锚杆		3-1-6-1	1t	2839.44	
18			钢筋网		3-1-6-4	1t	138	
19			喷射混凝土		3-1-8-1	$10m^3$	1005	
20		衬砌	模筑混凝土		3-1-9-2	$10m^3$	2525.9	
21			钢筋	光圆钢筋	3-1-9-6	1t	16	光圆钢筋：1.025；带肋钢筋：0
22				带肋钢筋	3-1-9-6	1t	145	带肋钢筋：1.025；光圆钢筋：0
23	水泥混凝土路面		厚度 20cm		2-2-17-3	$1000m^2$	21.93	人工、机械 ×1.26
24			厚度增加 6cm		2-2-17-4	$1000m^2$	21.93 ×6	人工、机械 ×1.26
25	混凝土搅拌站安拆 $60m^3/h$ 以内				4-11-11-8	1 座	1	
26	混凝土搅拌站拌和				4-11-11-12	$100m^3$	410.108	1.17
27	混凝土运输第 1 个 1km				4-11-11-18	$100m^3$	410.108	1.17

案例 15

背景材料

某高速公路有一直径 ϕ150cm 的钢筋混凝土圆管涵，涵管壁厚为 15cm，涵长为 32.5m，涵管每节长 2.50m（$13 \times 2.5 = 32.5$），其施工图设计的工程量见表 2-17。

钢筋混凝土圆管涵主要工程量表　　表 2-17

涵身		涵身基础		洞口					挖土方（m^3）
钢筋（kg）	混凝土（m^3）	混凝土（m^3）	砂砾石（m^3）	混凝土帽石（m^3）	浆砌片石端墙与基础（m^3）	浆砌片石锥坡与基础（m^3）	浆砌片石隔水墙与铺砌（m^3）	砂浆沟缝（m^2）	
2751	25	109	66	3	29	27	13	45	2174

注：混凝土构件和土方的平均运距为 1km，预制场设施不考虑。

问题

请列出该涵洞工程造价所涉及的相关定额的名称、单位、定额代号、数量等内容，并填入表格中，需要时应列式计算。

答案

1. 计算每节涵管的质量。

$25 \times 2.3 \div 13 = 4.4(t)$

因此，管节运输应选用载质量 6t 以内的载货汽车。

2. 计算涵管接头填塞沥青麻絮的数量。

$1.8 \times \pi \times 12 \times 0.01 = 0.68(m^2)$

3. 该钢筋混凝土圆管涵工程造价所涉及的相关定额的名称、单位、定额代号、数量等内容见表 2-18。

钢筋混凝土圆管涵工程预算分项表　　表 2-18

序号	工程细目	定额代号	单位	数量	定额调整或系数
1	2.0m^3 挖掘机挖基坑土方	4-1-3-12	1000m^3	2.174	
2	12t 自卸汽车运土方（1km）	1-1-11-17	1000m^3	2.174	
3	涵管砂砾石基础垫层	4-11-5-1	10m^3	6.6	
4	涵管基础混凝土	4-7-5-5	10m^3	10.9	
5	预制圆管节	4-7-4-2	10m^3	2.5	
6	涵预制管节钢筋	4-7-4-3	t	2.751	

续上表

序号	工程细目	定额代号	单位	数量	定额调整或系数
7	安装圆管涵	4-7-5-4	$10m^3$	2.5	1.01
8	6t 载重汽车运输管节	4-8-3-8	$10m^3$	2.5	1.01
9	涵管接头沥青麻絮填塞	4-11-7-13	m^2	0.68	
10	涵管防水层沥青	4-11-4-5	$10m^2$	18.378	
11	浆砌片石端墙与基础	4-5-2-7	$10m^3$	2.9	
12	浆砌片石锥坡与基础	4-5-2-9	$10m^3$	2.7	
13	浆砌片石隔水墙与铺砌	4-5-2-1	$10m^3$	1.3	
14	洞口帽石混凝土	4-6-3-1	$10m^3$	0.3	
15	混凝土搅拌机搅和 250L 以内	4-11-11-1	$10m^3$	13.7	1.01
16	混凝土运输 1t 以内翻斗	4-11-11-16	$100m^3$	1.37	1.01

案例 16

背景材料

某预应力混凝土连续梁桥，桥跨组合为 50m + 3 × 80m + 50m，桥梁全长 345.50m，桥梁宽度为 25.00m。基础为钻孔灌注桩，采用回旋钻机施工，桥墩为每排三根共 6 根 2.50m 的桩，桥台为 8 根 2.00m 的桩。承台尺寸为 8.00m × 20.00m × 3.00m，除桥台为干处施工外，其余均为水中施工（水深 5m 以内）。混凝土均要求采用集中拌和、泵送施工，水上混凝土施工考虑搭便桥的方法，便桥费用不计。本工程计划工期为 18 个月。其施工图设计的主要工程数量见表 2-19。

桥梁下部主要工程数量表　　表 2-19

<table>
<tr><td colspan="2" rowspan="2">项　目</td><td colspan="5">钻孔深度(m)</td><td rowspan="2">钢筋(t)</td></tr>
<tr><td>砂</td><td>黏土</td><td>砂砾</td><td>软石</td><td>次坚石</td></tr>
<tr><td rowspan="2">灌注桩</td><td>桩径 2.50m</td><td>37</td><td>50</td><td>862</td><td>176</td><td>27</td><td rowspan="2">329</td></tr>
<tr><td>桩径 2.00m</td><td>37</td><td>30</td><td>333</td><td>160</td><td>—</td></tr>
<tr><td colspan="2" rowspan="2">承台</td><td colspan="2">封底混凝土(m^3)</td><td colspan="2">承台混凝土(m^3)</td><td colspan="2">钢筋(t)</td></tr>
<tr><td colspan="2">720</td><td colspan="2">1440</td><td colspan="2">68</td></tr>
</table>

问题

请列出该桥梁基础工程造价所涉及的相关定额的名称、单位、定额代号、数量等内容，并填入表格中，需要时应列式计算。

答案

1. 计算钻孔灌注桩护筒的数量。

根据钻孔土质的情况，拟定桩径 2.00m 的护筒长度平均为 3.5m，其质量为：

$8 \times 2 \times 3.5 \times 0.4991 = 27.950(t)$

根据钻孔土质情况，拟定桩径 2.50m 的护筒长度平均为 10.0m，其质量为：

$6 \times 4 \times 10.0 \times 0.6126 = 147.024(t)$

2. 计算水中施工钻孔工作平台的数量。

根据承台平面尺寸，拟定工作平台尺寸为 10m×25m，其面积为：

$10 \times 25 \times 4 = 1000(m^2)$

3. 计算钻孔灌注桩混凝土的数量。

$(67 + 333 + 160) \times 2^2 \times \pi \div 4 + (87 + 862 + 176 + 27) \times 2.5^2 \times \pi \div 4 = 7414.16(m^3)$

4. 计算钢套箱的质量。

承台采用钢套箱施工，其质量为：

$(8 + 20) \times 2 \times 5.5 \times 4 \times 0.15 = 184.8(t)$

5. 该桥梁基础工程造价所涉及的相关定额的名称、单位、定额代号、数量等内容见表 2-20。

桥梁工程造价分项表　　表 2-20

序号	工程细目	定额代号	单位	数量	定额调整或系数
1	桩径 2.0m 内孔深 40m 内砂	4-4-5-65	10m	3.7	
2	桩径 2.0m 内孔深 40m 内黏土	4-4-5-66	10m	3.0	
3	桩径 2.0m 内孔深 40m 砂砾	4-4-5-67	10m	33.3	
4	桩径 2.0m 内孔深 40m 软石	4-4-5-70	10m	16	
5	桩径 2.5m 孔深 60m 内砂	4-4-5-97	10m	3.7	
6	桩径 2.5m 孔深 60m 内黏土	4-4-5-98	10m	5.0	
7	桩径 2.5m 孔深 60m 内砂砾	4-4-5-99	10m	86.2	
8	桩径 2.5m 孔深 60m 内软石	4-4-5-102	10m	17.6	
9	桩径 2.5m 孔深 60m 内次坚石	4-4-5-103	10m	2.7	
10	灌注桩混凝土	4-4-7-17	$10m^3$	741.416	
11	安拆混凝土搅拌站 40m/h	4-11-11-7	1 座	1	
12	混凝土搅拌站拌和	4-11-11-11	$10m^3$	885.416	1.14

续上表

序号	工程细目	定额代号	单位	数量	定额调整或系数
13	桩径 2.0m 内护筒	4-4-8-7	1t	27.950	
14	桩径 2.5m 内护筒	4-4-8-8	1t	147.024	
15	水中施工工作平台(水深 5m)	4-4-9-1	$100m^2$	100	
16	灌注桩钢筋	4-4-7-22	t	329	
17	承台封底混凝土	4-6-1-8	$10m^3$	72	
18	承台混凝土	4-6-1-7	$10m^3$	144	
19	承台钢筋	4-6-1-13	1t	68	
20	钢套箱	4-2-6-2	10t	18.48	
19	混凝土运输第一个 1km	4-11-11-18	$100m^3$	88.54	1.14

案例 17

背景材料

某大桥,桥梁全长 1282m,两岸接线各 1km,路基工程已全部完工(可做预制场使用,路基宽度 26m)。上部构造为 13 ×30m +7 ×40m +20 ×30m 先简支后连续预应力混凝土(后张法)T 形梁结构,其中 30m 预应力混凝土 T 梁每孔桥 14 片梁,梁高 1.8m,梁宽 1.6m,梁底宽 48cm,40m 预应力混凝土 T 梁每孔桥 14 片梁,梁高 2.4m,梁顶宽 1.6m,梁底宽 50cm,上部构造预制安装总工期按 8 天计算,每片梁预制周期按 8 天计算。上部构造的主要工程量见表 2-21。

桥梁工程上部构造主要工程量表 表 2-21

序号	项目		单位	工程量	备注
1	40m 预制 T 梁	混凝土	m^3	2951	锚具数量:OVM15—7:784 套
2		钢绞线	t	108.288	
3		Ⅰ级钢筋	t	221.021	
4		Ⅱ级钢筋	t	359.126	
5	40m 预制 T 梁	混凝土	m^3	9243	锚具数量:OVM15—7:3234 套
6		钢绞线	t	296.136	
7		Ⅰ级钢筋	t	724.954	
8		Ⅱ级钢筋	t	1224.839	

注:拌和场地的清理、平整、碾压等项目不计列。

问题

请列出该桥梁工程上部构造施工图预算所涉及的相关定额的名称、单位、定额代号、数量、定额调整等内容,并填入表格中,需要时应列式计算或文字说明。

答案

1. 计算预制底座数量。

需要预制的 30m 跨 T 形梁的数量 =(13 +20) ×14 =462(片)

需要预制的 40m 跨 T 形梁的数量 =7 ×14 =98(片)

T 形梁的预制安装总工期为 8 个月,考虑到预制与安装存在一定时差,本题按 1 个月考虑,因此,预制与安装均按 7 个月计算,每片梁预制需要 8 天,故需要底座数量为:

30m 跨底座 =462 ×8 ÷210 =17.6(个),即底座数量应不少于 18 个。

40m 跨底座 =98 ×8 ÷210 =3.7(个),即底座数量应不少于 4 个。

底座面积 =18 ×(30 +2) ×(0.48 +1) +4 ×(0.5 +1) ×(40 +2) =1104.48(m^2)

由于接线路基工程已经完工,不需要考虑预制场地平整。

2. 计算吊装设备。

由于按 22 个底座计算能满足工期要求,因此预制场可以设置在大桥一岸接线,则:

场地龙门架:按 40m 梁吊装重量计算,龙门架应配备 2 套(预制 1 套、存梁 1 套),重量参考预算定额的参考重量按跨径 20m、高 12m 计算,即 43.9 ×2 =87.8(t)。设备使用期按安装及拆除 1 个月、使用 8 个月,共 9 个月计算。

架桥机:按 40m 梁吊装重量计算,全桥配备 1 套,重量参考预算定额的参考重量计算。设备使用期按安装及拆除 2 个月、使用 7 个月,共 9 个月计算。

3. 计算临时轨道。

考虑大桥运输的方便,大梁底座顺桥方向布置每排布置 4 个,共布置 6 排,考虑工作场地,每排之间空 3m 的间隙。在梁场的长度按 50m 计算,因此预制场总长为:

32 ×5 +42 +7 ×3 +50 =273(m)

考虑到运输的方便,预制场与桥头直接相连。因此在路基上的临时轨道长度约为:273 ×2 =546(m),按 550m 计算;在桥上运梁临时轨道等于桥梁总长,即 1282m,架桥机的行走临时轨道一般为两孔桥梁的长度,即 40 ×2 ×2 =160(m),因此在桥梁上的临时轨道长度应为 1282 +160 =1442(m),按 1450m 计算。

4. 计算预制构件运距。

30m T 梁运输的平均运距 =[20 ×30 ÷2 ×20 +(20 ×30 +7 ×40 +13 ×20 ÷2) ×13] ÷33 =579.7(m)

40m T 梁运输的平均运距 =20 ×30 +7 ×40 ÷2 =740(m)

30m T 梁单片梁的重量 =9243 ÷426 ×2.50 =54.2(t),约 50t。

40m T 梁单片梁的重量 =2951 ÷98 ×2.50 =75.3(t),约 75t。

预应力钢绞线束数量 =(3234 +784) ÷2 ÷404.424 =4.97(束/t)

5. 该桥梁工程上部构造施工图预算所涉及的相关定额的名称、单位、定额代号、数量、定额调整等内容见表 2-22。

桥梁工程上部构造施工图预算分项表　　表 2-22

序号	工程细目		定额代号	单位	数量	定额调整或系数
1	T 梁预制混凝土		4-7-14-2	$10m^3$	1219.4	光圆钢筋:1.025 带肋钢筋:0
2	光圆钢筋		4-7-14-3	1t	945.975	光圆钢筋:0 带肋钢筋:1.025
3	带肋钢筋		4-7-14-3	1t	1583.965	
4	T 梁安装(双导梁)		4-7-14-7	$10m^3$	1219.4	
5	预应力钢绞线		4-7-20-29	1t	404.424	
6	7 孔每增减 1 束钢绞线		4-7-20-30	1t	404.424	-3.94
7	大梁预制底座		4-11-9-1	$100m^3$	110.45	
8	30mT 梁运输	第一个 50m	4-8-2-5	$100m^3$	924.3	
9		每增运 50m	4-8-2-14	$100m^3$	924.3	11
10	40mT 梁运输	第一个 50m	4-8-2-6	$100m^3$	295.1	
11		每增运 50m	4-8-2-15	$100m^3$	295.1	14
12	T 梁运输出坑堆放		4-8-2-15	$10m^3$	1219.4	应分别计算
13	双导梁		4-7-31-2	10t	16.5	设备摊销费,8100
14	预制场龙门架		4-7-31-16	10t	8.78	设备摊销费,8100
15	临时轨道	路基上	7-1-4-3	100m	5.5	
16		桥面上	7-1-4-4	100m	14.5	
17	T 梁混凝土搅拌站安拆(40 m^3/h)		4-11-11-7	1 座	1	
18	T 梁搅拌(40 m^3/n)		4-11-11-11	$100m^3$	12.194	1.01
19	1t 机动翻斗车运 100m		4-11-11-16	$100m^3$	12.194	1.01

案例 18

背景材料

某高速公路的桥梁基础:桥台为钢筋混凝土天然基础,桥墩为 ϕ1.5m 挖孔灌注桩基础,造价工程师编制的施工图预算见表 2-23。

桥梁基础施工图预算分项表　　表 2-23

序号	工程细目		定额代号	单位	数量	定额调整或系数
1	桥台天然基础	混凝土	4-6-1-3	$10m^3$	61	
2		钢筋	4-6-1-3	1t	15.656	
3	桥墩挖孔桩基础	挖孔(土)	4-4-1-6	$10m^3$	42.4	
4		挖孔(石)	4-4-1-10	$10m^3$	98.8	
5		挖孔桩混凝土	4-4-7-1	$10m^3$	141.2	
6		挖孔桩钢筋	4-4-7-24	1t	132.6	

问题

该造价工程师编制的造价文件中存在那些问题？根据你的理解请改正这些问题，并在上表中修改。

答案

造价文件中存在的问题是：天然基础钢筋定额代号错误，漏计天然基础的挖基和挖孔桩的护壁费用，挖孔数量中漏计护壁的数量，挖孔桩钢筋定额代号错误。

1. 定额代号修改见表 2-24。

天然基础钢筋定额代号修改表　　表 2-24

序号	工程细目	定额代号	单位	数量
1	桥台天然基础钢筋	4-6-1-12	1t	15.656
2	挖孔桩钢筋	4-4-7-22	1t	132.6

2. 天然基础挖基定额代号补充修改见表 2-25。

天然基础挖基定额代号补充修改表　　表 2-25

序号	工程细目		定额代号	单位	数量
1	桥台挖基	挖土	4-1-1-1	$10m^3$	1.83
2		挖石	4-1-1-7	$10m^3$	7.36

注：挖基数量只要大于基础混凝土数量即为正确。

3. 挖孔桩护壁定额代号补充见表 2-26。

挖孔桩护壁定额代号补充表　　表 2-26

序号	工程细目	定额代号	单位	数量
1	现浇护壁	4-4-1-11	$10m^3$	40.16
2	250L 混凝土搅拌机拌和	4-11-11-1	$100m^3$	1.05
3	1t 以内机动翻斗车运 100m	4-11-11-16	$100m^3$	1.05

案例19

背景材料

某桥梁下部构造设计为薄壁空心墩,横断面形式如图2-1所示。墩身设计高度为60m,拟采用翻模法施工,每次浇注高度为4m,每节施工周期为7天,根据施工现场布置,混凝土输送泵设置在距桥墩150m的地方,混凝土要求采用集中拌和施工,混凝土拌和站距输送泵的距离为2km。根据本工程所处的地理位置的要求,混凝土的外观质量比一般结构要高。据调查,工程所在地区的组合钢模内衬板的价格为90元/m^2,一般可以连续使用5次。

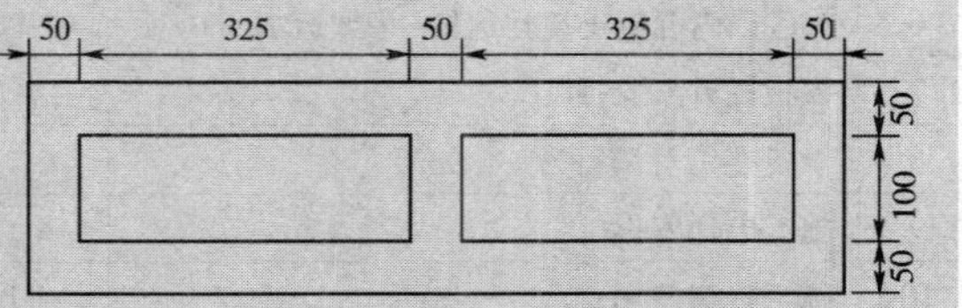

图2-1 薄壁空心墩横断面形式(尺寸单位:cm)

问题

根据上述基础资料,请列出编制该空心墩施工图预算所涉及的相关定额的名称、单位、定额代号、数量、定额调整等内容,并填入表格中,需要时应列式计算或文字说明。

答案

1. 计算空心墩工程数量。

空心墩长度 = 0.5 + 3.25 + 0.5 + 3.25 + 0.5 = 8(m)

空心墩宽度 = 0.5 + 1.00 + 0.5 = 2(m)

空心墩混凝土数量 = (8 × 2 − 3.25 × 1 × 2) × 60 = 570(m^3)

空心墩施工工期 = 60 ÷ 4 × 7 = 105(天) ÷ 30 = 3.5(月)

内衬板数量 = 60 ÷ 4 ÷ 5 = 3(套)

2. 计算内衬板费用。

(8 + 2) × 2 × 4 × 3 × 90 = 21600(元)

模板提升架数量计算:型号为(8.6m × 2.6m)的质量按预算定额参考质量11t考虑。

模板提升架设备摊销费调整计算:

提升架使用期按安装拆除1.5个月,施工3.5个月,共5个月计算。

设备摊销费 = 3600 ÷ 4 × 5 = 4500(元)

3. 空心墩施工辅助设施:

考虑到墩身高度达60m,为了保证施工安全,应配备施工电梯和塔式起重机一台。使用期按安装拆除1.5个月,施工3.5个月,共5个月计算。考虑到每天有一部分时间处于停使状态,因此,每天按2个台班计算。共计使用台班为5 × 30 × 2 = 300(台天)。

4. 根据上述基础资料，编制该空心墩施工图预算所涉及的相关定额的名称、单位、定额代号、数量、定额调整，见表 2-27。

空心墩施工图预算分项表　　表 2-27

序号	工程细目	定额代号	单位	数量	定额调整或系数
1	现浇空心墩混凝土	4-6-2-32	$10m^3$	57	
2	混凝土集中拌和($40m^3/h$)	4-11-11-7	$10m^3$	57	1.04
4	混凝土内衬板费用		元	21600	
5	$3m^3$ 以内混凝土搅拌运输(第一个 1km)	4-11-11-18	$10m^3$	57	1.04
6	$3m^3$ 以内混凝土搅拌运输(每增运 1km)	4-11-11-19	$10m^3$	57	2×1.04
7	模板提升架安拆	4-7-31-9	10t	1.10	
8	设备摊销费调整为		元	4500	
9	施工电梯安拆	4-11-15-1	1 部	1	
10	施工电梯使用费	4-11-15-5	台天	300	
11	塔式起重机安拆	4-11-16-1	部	1	
12	塔式起重机使用费	4-11-16-8	台天	300	
13	混凝土搅拌站(楼)安拆 40 m^3/h	4-11-11-7	1 座	1.0	

案例 20

背景材料

××高速公路路基土、石方工程，有一段挖土方计普通土 $3000000m^3$，平均运距 50m，采用推土机推土施工。该工程地处山重区。机械土方其他直接工程费综合费率为 11.25%，现场经费综合费率为 38.96%(其中：规费费率 35%，企业管理费 3.96%)。初步设计概算编制时工程所在地的各类预算价格按 2008 年定额基价增加 10% 计算。人工费按 49.2 元/工日计算。

问题

初步设计概算该段挖土方下列费用：

1. 直接工程费、直接费、间接费。
2. 建筑安装工程费。

答案

1. 计算定额直接工程费、直接工程费、间接费。

(1) 定额直接工程费 = (3128 + 490) × 3000 = 10854000(元)

(2) 直接工程费 = 10854000 × 1.1 = 11939400(元)

(3) 其他直接工程费 = 直接工程费 × 相应的费率 = 11939400 × 11.25% = 1343183(元)

(4)直接费 = 直接工程费 + 其他直接工程费 = 11939400 + 1343183 = 13282583(元)

(5)间接费:

人工费 = 15.50 × 49.2 × 3000 = 2287800(元)

规费 = 人工费 × 相应费率% = 2287800 × 35% = 800730 元

企业管理费 = 直接费 × 相应费率% = 13282583 × 3.96% = 525990 元

间接费 = 规费 + 企业管理费 = 800730 + 525990 = 1326720(元)

2. 计算建筑安装工程费。

(1)利润 = (直接费 + 间接费 − 规费) × 相应费率% = (13282583 + 1326720 − 800730) × 7 %
= 966600(元)

(2)税金 = (直接费 + 间接费 + 利润) × 税率% = (13282583 + 1326720 + 966600) × 3.41 %
= 531138(元)

(3)建筑安装工程费 = 直接费 + 间接费 + 利润 + 税金
= 13282583 + 1326720 + 1022651 + 531138 = 16163092(元)

案例 21

背景材料

××省拟新建一条六车道高速公路,地处平原微丘区,有一座钢筋混凝土盖板涵,标准跨径 4.00m,涵高 3.00m,八字墙,路基宽度 35.00m。其施工图设计主要工程量见表 2-28。

钢筋混凝土盖板涵主要工程量表　　表 2-28

序号	项目	单位	工程量
1	挖基坑土方(干处)	m^3	460
2	浆砌片基础、护底、截水墙	m^3	410
3	浆砌片石台、墙	m^3	335
4	混凝土帽石	m^3	0.6
5	矩形板混凝土	m^3	71.7
6	矩形板钢筋	t	6.02

25 座盖板涵的混凝土矩形板预制,设一处预制场计 10000m^2,场地需平整碾压,30% 面积需铺 15cm 砂砾垫层,20% 面积需做 2cm 水泥砂浆抹平,作为预制板底模。构件运距 4km。该项目其他直接工程费、间接费(规费、企业管理费)的综合费率见表 2-29。

其他直接工程费、间接费综合费率表(%)　　表 2-29

序号	项目	其他工程直接费		间接费	
		Ⅰ	Ⅱ	现场经费	企业管理费
1	构造物Ⅰ	3.7	0	35	4.8
2	构造物Ⅱ	3.5	0	35	4.0

问题

若编制年工程所在地的各项预算价格,以2008年定额基价为基础上调15%计算,人工工日单价按49.20计,编制该盖板涵的施工图预算建筑安装工程费。

答案

1. 定额直接工程费见表2-30。

定额直接费计算表

表2-30

序号	工程细目名称		单位	工程量	定额表号	基价(元)	人工定额	人工费(元)	定额直接工程费(元)
1	挖基坑土方(干处)		m^3	460	4-1-1-1	22.1	0.448	10146	10166
2	浆砌片基础、护底、截水墙		m^3	410	4-5-2-1	139.6	0.95	19163	57236
3	浆砌片石台、墙		m^3	335	4-5-2-5	164.0	1.32	21756	54940
4	混凝土帽石		m^3	0.6	4-6-3-2	456.4	2.16	64	274
5	矩形板混凝土		m^3	71.7	4-7-9-1	349.3	2.35	8290	25045
6	矩形板钢筋		t	6.02	4-7-9-3	3869	6.9	2044	23291
7	安装矩形板		m^3	71.7	4-7-10-2	95.0	0.64	2258	6812
8	预制场地平整		m^2	10000	4-11-1-3	0.68	0.002	984	6800
9	预制构件运输(8t载货汽车)	一个1km	m^3	71.7	4-8-3-9	30.1	0.078	275	2158
		每增运1km	m^3	71.7×3	4-8-1-13	1.0	0	0	215
10	预制场地铺砂砾垫层		m^3	450	4-11-5-1	69.3	0.59	13063	31185
11	预制场地水泥砂浆抹面		m^2	2000	4-11-6-17	7.13	0.055	5412	14260
12	沉降缝高3m计10道(沥青麻絮)		m^2	50	4-11-7-13	163	0.5	1230	8150
13	250L以内混凝土搅拌机拌和		m^3	7.17×1.01	4-11-11-1	17.6	0.27	962	1264
14	1t机动翻斗车运输100m		m^3	7.17×1.01	4-11-11-16	3.7	0	0	268
15	合计							85647	242064

2. 计算直接工程费。

242064×1.15=278374(元)

3. 计算其他工程费、间接费。

其他工程费=278374×0.037=10300(元)

直接费=278374+10300=288674(元)

规费=人工费×费率%=85647×0.35=2998(元)

企业管理费=288674×0.048=13856(元)

间接费=2998+13856=16854(元)

4. 计算利润。

(288674+13856-2998)×0.07=21177(元)

5. 计算税金。

(288674+16854+21177)×0.0341=11141(元)

6. 计算建筑安装工程费。

288674+16854+21387+11141=338056(元)

案例 22

背景材料

××高速公路互通式立体交叉的匝道上设有 1-1.0m 的圆管涵 1 道，涵长 14.5m，该互通式立体交叉处于山岭重丘区。其施工图设计主要工程量见表 2-31。

圆管涵主要工程量表　　表 2-31

序　号	项　目	单　位	工　程　量
1	挖基土方	m^3	1800
2	基础碎砾石垫层	m^3	6.24
3	5 号浆砌块石管身基础	m^3	8.85
4	预制 20 号混凝土圆管	m^3	4.99
5	圆管钢筋	t	0.41
6	5 号浆砌粗料石帽石	m^3	0.44
7	5 号浆砌块石八字墙	m^3	6.04
8	5 号浆砌块石跌水井	m^3	5.49
9	5 号浆砌片石急流槽	m^3	40.5
10	5 号浆砌片石铺底及隔水墙	m^3	2.41

问题

1. 简要叙述编制该圆管涵施工图预算采用的合理施工方法。

2. 列出编制施工图预算所需的全部工程细目名称、定额代号及数量。

答案

1. 施工方法如下：

该圆管涵挖基土方达 1800 m^3，数量较大，堆放困难。因此，这部分土方应按挖掘机挖土，按路基土方运输增运 1km 考虑。至于圆管涵预制安装方法，考虑高速公路小型预制构件较多，采用集中预制、汽车运输、起重机安装的机械化施工方法，符合高速公路实际施工情况。预制场应平整碾压，并铺设砂砾垫层和用水泥砂浆抹平。

2. 施工图预算的全部工程细目名称、定额代号、工程量见表 2-32。

施工图预算的全部工程细目名称、定额代号、工程量表　　表 2-32

序　号	项　目	单　位	定额代号	工 程 量
1	挖基土方(2 m^3 挖掘机)	$1000m^3$	4-1-3-12	1.8
2	挖基土方运 1km(12t 自卸汽车)	1000 m^3	1-1-11-17	1.8
3	基础碎砾石垫层	$10m^3$	4-11-5-1	0.624
4	M5 浆砌块石管身基础	$10m^3$	4-5-3-1	0.885
5	C30 预制混凝土圆管	$10m^3$	4-7-4-1	0.499×1.01
6	圆管钢筋	t	4-7-4-3	0.41×1.01
7	6t 汽车运预制构件第一个 1km	100 m^3	4-8-3-8	0.0499×1.01
8	6t 汽车运预制构件每增运 0.5km	$100m^3$	4-8-3-12	$0.0499 \times 1.01 \times x$

续上表

序 号	项 目	单 位	定额代号	工 程 量
9	安装圆管涵	10 m^3	4-7-5-3	0.499
10	M5 浆砌粗料石帽石 7.5/2.0	10 m^3	4-5-4-6	0.044
11	M5 浆砌块石八字墙 7.5/2.7	10 m^3	4-5-3-5	0.604
12	M5 浆砌块石跌水井	10 m^3	4-5-3-10	0.549
13	M5 浆砌片石急流槽	10 m^3	4-5-3-9	4.05
14	M5 浆砌片石铺底及隔水墙(7.5/3.5)	10m^3	4-5-2-1	0.241
15	预制场地平整	1000m^2	4-11-1-1	x
16	预制场地砂砾垫层	10m^3	4-11-5-1	x
17	预制场地砂浆抹面	100m^2	4-11-6-17	x
18	圆管接头沥青油毡防水层	10m^2	4-11-4-4	x
19	M7.5 砂浆调整为 M5 砂浆	m^3	—	2.562
20	250L 混凝土搅拌机拌和	10m^3	4-11-11-1	0.499×1.01
21	1t 机动翻斗运第一个 100m	100m^3	4-11-11-16	0.0499×1.01
22	1t 机动翻斗每增运 100m	100m^3	4-11-11	0.0499×1.01×x

注:本案例答案中的"x"均指由造价人员根据施工组织设计确定的数量。

案例 23

背景材料

××四车道高速公路,路基宽 26.00m,设计若干座钢筋混凝土矩形板小桥。其中有一座一孔标准跨径 5.00m 的小桥,其上部构造行车道钢筋混凝土矩形板设计强度等级为 C30 混凝土 62.40m^3、钢筋 5.24t,台高 5.00m。10 座小桥设一处预制场计 10000m^2,场中面积 30% 要铺筑砂砾垫层(厚 15cm),20% 面积用水泥砂浆(厚 2cm)进行抹面,作为构件预制底板。预制场至桥址平均运距计 10km,用汽车运至安装地点。小桥有深 0.30m 的浅水,须用草袋围堰,适当平整用砂砾垫层 3.00m^3 加固后才能架设桥梁临时支架,以便现浇上部构造混凝土。

问题

1. 分别采用预制、安装和现浇上部混凝土两种施工方法,提出行车道板的各项工程细目、预算定额表号及工程量。

2. 分析两种施工方法每立方米矩形板混凝土的定额直接费(包括混凝土、钢筋及辅助工程)。

答案

1. 两种施工方法的的细目、工程量及定额表见表 2-33、表 2-34。

预制安装施工方法的细目、工程量及定额表 表 2-33

工程细目名称		单 位	数 量	定 额 表 号	定额调整系数
预制矩形板混凝土		m^3	62.4	4-7-9-2	
预制矩形板钢筋		t	5.24	4-7-9-3	
6t 汽车运输预制构件	第一个 1km	m^3	62.4	4-8-3-8	
	每增运 1km	m^3	62.4	4-8-6-16	18

续上表

工程细目名称	单位	数量	定额表号	定额调整系数
安装矩形板	m^3	62.4	4-7-10-2	
混凝土搅拌站安拆 $25m^3/h$	座	0.1	4-11-11-6	
混凝土搅拌站拌和	m^3	62.4×1.01	4-11-11-10	
1t 机动翻斗车运输 100m	m^3	62.4×1.01	4-11-11-16	
预制场地平整	m^3	1000	4-11-1-2	
预制场地铺砂砾垫层	m^3	45	4-11-5-1	
预制场地水泥砂浆抹面	m^2	200	4-11-6-17	

现浇施工方法的细目、工程量及定额表

表 2-34

工程细目名称	单位	数量	定额表号	定额调整系数
现浇矩形板混凝土	m^3	62.4	4-6-8-1	
现浇矩形板钢筋	t	5.24	4-6-8-4	
现浇支架	m^2	25	4-9-3-1	3.059
支架基础排水围堰	m	60	4-2-2-1	
河床平整	m^2	150	4-11-1-1	
支架底河床铺砂砾垫层	m^3	3	4-11-5-1	
支架预压	m^3	62.4	4-9-6-1	

2. 计算两种施工方法每立方米混凝土的定额直接工程费。

预制安装：

$(3163\times6.24+3869\times5.24+3075\times0.624+97\times18\times0.624+950\times6.24+61062\times0.1+1237\times0.624\times1.01+370\times0.624\times1.01+2291\times1+693\times4.5+713\times2)\div62.4=919.97$(元)

现浇：

$(3647\times6.24+3842\times5.24+1065\times2.5\times26\div8.50+655\times6+2291\times0.15+693\times0.3+66\times6.24)\div62.4=896.26$(元)

预制安装比现浇造价高 2.65%，主要是辅助工程略多，若构件运输距离能缩短一些，再考虑施工工期的关系，采用预制安装的施二方法还是可行的。

案例 24

背景材料

××省拟修建一座预应力混凝土连续刚构大桥，桥跨组合为：3×30m+60m+2×100m+60m+3×30m，桥梁全长 505.50m，桥梁宽度为 12.50m。其中：30m 跨径为现浇预应力混凝土连续箱梁。基础为钻孔灌注桩，采用回旋钻机施工，连续刚构桥主墩（单墩）为每排 3 根共 6 根 1.50m 的桩、过渡墩（单墩）为每排 2 根共 4 根 1.20m 的桩，桥台及现浇箱梁段均为 2 根 1.20m 的桩，1.50m 的桩平均设计桩长为 63.00m，1.20m 的桩平均设计桩长为 28.00m。主墩承台尺寸为 7.50m×11.50m×3m。除连续刚构主墩为水中施工（水深 5m 以内）外，其他均为干处施工。连续刚构上部构造采用悬臂浇筑法施工，最大块件的混凝土数量为 $50m^3$。混凝土均采用泵送施工，水上混凝土施工考虑搭便桥的方法，便桥费用不计入本工程造价中。连续刚构上部构造边跨现浇段长度均为 10.00m，两岸过渡墩高度均为 10.00m，两岸桥台的高度均为 6.00m。本工程计划工期为 18 个月。工程造价编制年工程所在地的各项预算价格以现行《公路工程预算定额》为准，本工程不计取利润和税金两项费用。

1. 其主要工程项目的工程量见表2-35。

主要工程项目的工程量表　　表2-35

部位	标号	工程项目名称	单　位	各工程项目数量
基础	1	ϕ1.50m 桩径钻孔深度		
	1.1	黏土	m	69
	1.2	砂砾	m	871.4
	1.3	软石	m	175.5
	1.4	次坚石	m	26.9
	2	ϕ1.20m 桩径钻孔深度		
	2.1	黏土	m	66.8
	2.2	砂砾	m	333.2
	2.3	软石	m	160
	3	灌注桩混凝土	m^3	2637.3
	4	灌注桩钢筋(光圆钢筋/带肋钢筋)	t	118.423
	5	承台封底混凝土	m^3	341
	6	承台混凝土	m^3	1376.3
	7	承台钢筋(光圆钢筋/带肋钢筋)	t	34.067
上部	1	悬浇100m 连续刚构		
	1.1	墩顶0号块混凝土	m^3	537
	1.2	0号块钢筋	t	66.237
	1.3	箱梁混凝土	m^3	2621.4
	1.4	箱梁钢筋	t	310.897
	2	现浇30m 箱梁		
	2.1	箱梁混凝土	m^3	1176.8
	2.2	箱梁钢筋	t	207.25
	3	钢绞线		
	3.1	束长80m 内19孔锚具束数	t/束	91.097/76
	3.2	束长40m 内19孔锚具束数	t/束	39.46/68
	3.3	束长20m 内3孔锚具束数(单锚)	t/束	14.64/338
	3.4	束长20m 内19孔锚具束数	t/束	11.184/40
	4	预应力粗钢筋(600根)	t	25.76
	5	人行道混凝土预制	m^3	161
	6	人行道混凝土钢筋	t	12.411
	7	现浇搭板混凝土	m^3	96.3
	8	现浇搭板钢筋(I/II)	t	5.204

2. 其他直接工程费、间接费综合费率见表2-36。

其他直接工程费、间接费综合费率(%)表

表 2-36

项　目	其他直接工程费费率			间接费
	Ⅰ	Ⅱ	规费	企业管理费
构造物Ⅰ	2.8	0	35	6.4
构造物Ⅱ	3.1	0	35	6.2
构造物Ⅲ	3.8	0	35	6.2
技术复杂大桥	3.2	0	35	4.8
钢材及钢结构	0.70	0	35	3.9

问题

分析计算该桥梁工程中主要工程项目的工程量清单价格，清单格式见表 2-37。要求计算结果填入清单表格中，具体计算过程在答题纸中叙述。

桥梁工程(定额第400章)　(货币单位：人民币元)

表 2-37

编　号	细目名称	单　位	数　量	单　价
404	钻孔灌注桩			
404-4	桩径 120cm	m	560	
404-2	桩径 150cm	m	1134	
406	钢筋			
406-1	基础钢筋	t	152.49	
406-2	上部结构钢筋	t	589.588	
407	结构混凝土			
407-1	基础混凝土	m^3	1717.3	
407-2	上部结构混凝土			
407-2-1	箱梁混凝土	m^3	1176.8	
407-2-2	桥头搭板混凝土	m^3	96.3	
408	预应力混凝土结构			
408-1	预应力钢材			
408-1-1	钢绞线	t	156.381	
408-1-2	预应力粗钢筋	t	25.76	
408-2	预应力混凝土连续刚构	m^3	3158.4	
416	人行道	m	505.5	

分析要点

本案例主要考核工程量清单价格的构成，各类工程类别综合费率的选择，以及桥梁工程附属设施的内容。

工程量清单价格 = 直接工程费 + 其他工程费 + 间接费 + 利润 + 税金

桥梁基础工程应考虑的附属设施包括：护筒、钻孔工作平台、套箱、围堰。桥梁上部构造应考虑的附属设施包括：现浇支架、悬浇挂篮、0 号块托架、墩顶龙门架等。

答案

根据给定的各种条件，其清单价格为：

单价 = 定额直接工程费 × (1 + 其他工程费费率%) × (1 + 企业管理费%) + 人工费 × 规费%

本案例仅涉及构造物Ⅰ、构造物Ⅱ的综合费率，分别为：

构造物Ⅰ：$(1+0.028)\times(1+0.064)=1.094$，规费 35%；

构造物Ⅱ：$(1+0.031)\times(1+0.062)=1.095$，规费 35%。

1. 桩径 120cm 的钻孔灌注桩：

根据钻孔土质情况，拟定护筒长度平均为 3.5m。

质量 $=20\times3.5\times0.2382=16.674$(t)

混凝土数量 $=28\times20\times1.2^2\times\pi\div4=633.345$($m^3$)

定额直接工程费 $=2883\times6.68+4684\times33.32+13281\times16+1037\times16.674+2769\times63.3345=580489.49$(元)

定额人工费 $=(9.9\times6.68+15.3\times33.32+38.9\times16+9.0\times16.674+1.9\times63.3345)\times49.02=71997.12$(元)

清单单价 $=(580489.49\times1.095+71997.12\times0.35)\div560=1180.06$(元/m)

2. 桩径 150cm 的钻孔灌注桩：

根据钻孔土质情况，拟定护筒长度平均为 10m。

质量 $=18\times10\times0.2893=52.074$(t)

混凝土数量 $=63\times18\times1.5^2\times\pi\div4=2003.943$($m^3$)

钻孔工作平台面积 $=8\times15\times3=360$(m^2)

定额直接工程费 $=6286\times6.9+10310\times87.14+32631\times17.55+46739\times2.69+5573\times52.074+2769\times200.3943+22272\times3.6=2578694.20$(元)

定额人工费 $=(12.9\times6.9+21.5\times87.14+63.5\times17.55+90.1\times2.69+7.7\times52.074+1.9\times200.3943+95.5\times3.6)\times49.02=217885.71$(元)

清单单价 $=(2578694.20\times1.095+217885.71\times0.35)\div1143=2537.12$(元/m)

3. 基础钢筋：

定额直接工程费 $=3928\times118.423+3933\times34.067=599151.06$(元)

定额人工费 $=(4.9\times118.423+6.7\times34.067)\times49.02=39633.73$(元)

清单单价 $=(599151.06\times1.095+39633.73\times0.35)\div152.49$
$=4393.35$(元/t)

4. 上部结构钢筋：

定额直接工程费 $=4073\times66.237+4089\times310.897+4062\times207.25+4048\times5.204$
$=2403956.43$(元)

定额人工费 $=(9.9\times66.237+10.2\times310.897+9.4\times207.25+9.6\times5.204)\times49.02$
$=285541.70$(元)

清单单价为 = [（2403956.43 − 4048 × 5.204）× 1.095 + 4048 × 5.204 × 1.094 + 2885541.70 × 0.35] ÷ 589.588 = 4634.17（元/t）

5. 基础混凝土：

主墩承台考虑采用钢套箱围堰施工，质量 =（7.5 + 11.5）× 2 × 5.5 × 0.15 × 3 = 94.05（t）

定额直接工程费 = 2101 × 34.1 + 2409 × 137.63 + 28734 × 9.405 = 673438.04（元）

定额人工费 =（0.5 × 34.1 + 4.1 × 137.63 + 234.7 × 9.405）× 49.02 = 136701.41（元）

清单单价 =（673438.04 × 1.095 + 136701.4 × 0.35）÷ 1717.3 = 457.26（元/m^3）

6. 箱梁混凝土：

现浇 30m 箱梁考虑采用满堂式钢支架施工、支架预压、现浇箱梁混凝土。

数量 =（10 + 6）÷ 2 × 30 × 3 × 2 = 1440（m^2），支架宽度按桥宽加 1m 考虑。

定额直接工程费 = 4611 × 117.68 + 678 × 144 × 13.5 ÷ 12 + 66 × 117.68 = 660225.36（元）

定额人工费 =（11.4 × 117.68 + 8.0 × 144 × 13.5 ÷ 12 + 0.5 × 117.68）× 49.02 = 132177.14（元）

清单单价 =（660225.36 × 1.095 + 132177.14 × 0.35）÷ 1176.8 = 653.64（元/m^3）

7. 桥头搭板混凝土：

现浇桥头搭板考虑采用 20cm 厚三合土。

工程量 = 10 × 12.5 × 2 × 0.20 = 50（m^3）

定额直接工程费 = 2863 × 9. 63 + 1407 × 5.0 = 34605.69（元）

定额人工费 =（13.2 × 9. 63 + 12.5 × 5.0）× 49.02 = 9294.98（元）

清单单价 =（34605.69 × 1.094 + 9294.98 × 0.35）÷ 96. 3 = 426.91（元/m^3）

8. 钢绞线：

定额直接工程费 =（13989 + 295 × 4.147）× 14.64 +（11816 + 1433 × 0.587）× 11.184 + [9568 + 0.313 × 1495] × 39.46 +（8844 − 1566 × 0.036）× 91.097 = 1560830.68（元）

定额人工费 = [（31.9 + 1.1 × 4.147）× 14.64 +（9.8 + 1.2 × 0.587）× 11.184 +（6.2 + 1.8 × 0.313）× 39.46 +（6.6 − 2.7 × 0.036）× 91.097] × 49.02 = 74047.15（元）

清单单价 =（1560830.68 × 1.095 + 74047.15 × 0.35）÷ 156.381 = 11094.87（元/t）

9. 预应力粗钢筋：

定额直接工程费 =（99809 + 56 × 70）× 2.576 = 267205.90（元）

定额人工费 =（251.9 + 0.3 × 70）× 2.576 × 49.02 = 34460.59（元）

清单单价 =（267205.90 × 1.095 + 34460.59 × 0.35）÷ 25.76 = 11826.54（元/t）

10. 预应力混凝土连续刚构：

考虑到工期关系，三个 T 梁同时施工，挂篮质量为：63.6 × 3 × 2 = 381.6（t）

墩顶拐脚门架按 36.0 × 3 = 108（t）考虑，施工期按 6 个月考虑。

墩顶 0 号块拖架质量为：7 × 3 × 12.5 = 262.5（t），施工期按三个月考虑。

边跨现浇段采用满堂式钢支架施工，数量为 10 × 10 × 2 = 200（m^2）。

支架宽度按桥宽加 1m 考虑。

定额直接工程费 $=4073\times53.7+4736\times262.14+(12199+1800)\times38.16+(8537+1800)\times10.8+(8299-900)\times26.25+678\times13.5\div12\times2=2301805.83$(元)

定额人工费 $=(4.4\times53.7+21.5\times262.14+124.1\times38.16+77.3\times10.8+69.4\times26.25+121.8\times2\times13.5\div12)\times49.02=663661.49$(元)

清单单价 $=(2301805.83\times1.095+663661.49\times0.35)\div3158.4=871.57$(元/$m^3$)

11. 人行道:

人行道预制构件运输按手推车运250m考虑。

定额直接工程费 $=6495\times1.01\times16.1+1260\times16.1+3833\times1.01\times12.411+(127+20\times24)\times16.1=183720.97$(元)

定额人工费 $=[50.3\times1.01\times16.1+19.1\times16.1+7.4\times1.01\times12.411+(2.5+0.4\times24)\times16.1]\times49.02=69265.66$(元)

清单单价 $=(183720.97\times1.094+69265.66\times0.35)\div505=446.01$(元/m)

计算结果见表2-38。

桥梁工程(定额第400章)　　表2-38

编　号	细目名称	单　位	数　量	单价(元)
404	钻孔灌注桩			
404-4	桩径120cm	m	560	1180.06
404-2	桩径150cm	m	1143	2471.76
406	钢筋			
406-1	基础钢筋	t	152.49	4393.35
406-2	上部结构钢筋	t	589.588	4634.17
407	结构混凝土			
407-1	基础混凝土	m^3	1717.3	457.26
407-2	上部结构混凝土			
407-2-1	箱梁混凝土	m^3	1176.8	653.64
407-2-2	桥头搭板混凝土	m^3	96.3	426.91
408	预应力混凝土结构			
408-1	预应力钢材			
408-1-1	钢绞线	t	156.381	11094.87
408-1-2	预应力粗钢筋	t	25.76	11826.54
408-2	预应力混凝土连续刚构	m^3	3158.4	871.57
416	人行道	m	505.5	446.01

案例25

背景材料

广东省拟新建一条四车道高速公路,路基宽26.00m,地处平原水网地区,建设项目总里程为50.000km。该工程1999年编制项目建议书,建设工期为三年,即2001年年初开工,2003年年底建成。具体情况如下:

1. 主要工程数量在《公路工程估算指标》附录五“综合指标所含主要工程项目工程量”的基础上，每公路公里工程量作如下调整：路基土方中 50000m^3 增加汽车运输平均运距 15km，大（中）桥增加 50m，计 1300m^2。

2. 投资估算编制年工程所在地人工工日单价、材料预算价格以及机械使月费等比 1996 年指标基价总水平高 30%。

3. 该项目投资中资本金占 35%，其余全部为国内银行贷款，贷款利息年利率为 6%，用款计划为第一年 40%、第二年 30%、第三年 30%。

4. 本工程永久占地单价为 7000 元/亩，临时占地单价为 4000 元/亩。

5. 本工程不计“大型专用机械设备购置费”及“固定资产投资方向调节税”，工程施工按国内招标办理。

问题

1. 计算每公路公里指标建筑安装工程费和建筑安装工程费。

2. 建设项目投资估算总金额。

3. 该工程每公路公里建筑安装工程造价高于其他省、区、市的主要因素有哪些？

分析要点

本案例主要考核公路建设项目投资估算的构成和各类估算指标的应用。分析思路如下：

公路建设项目投资估算由建筑安装工程费、设备及工器具购置费、工程建设其他费用和预留费用组成。

建筑安装工程费包括：直接费、其他工程费、其他直接费、现场经费、间接费、施工技术装备费、计划利润和税金。

其他工程费 = 直接费 × 其他工程费率

其他直接费、现场经费及间接费 = 指标基价 ×（1 + 其他工程费率）× 综合费率

答案

1. 计算每公路公里指标建筑安装工程费和建筑安装工程费。

(1) 每公路公里指标直接费：

14246239 +（3187 + 786 × 29）× 50 + 203886 × 13 = 18195807（元）

(2) 每公路公里直接费：

18195807 × 1.3 = 23654549（元）

(3) 每公路公里其他工程费：

23654549 × 0.02264 = 535539（元）

(4) 每公路公里其他直接费、现场经费、间接费综合费用：

18195807 ×（1 + 0.02264）× 0.277 = 5154350（元）

(5) 每公路公里综合利税费：

(23654549 + 535539 + 5154350) × 0.1 = 2934444(元)

(6)每公路公里指标建筑安装工程费：

18195807 × (1 + 0.02264) + 5154350 + 2934444 = 26696554(元)

(7)每公路公里建筑安装工程费：

23654549 + 535539 + 5154350 + 2934444 = 32278882(元)

2. 计算建设项目投资估算总金额。

(1)每公路公里设备、工具、器具购置费：

32278882 × 0.01876 = 605552(元)

(2)每公路公里征用土地费用：

115.35 × 7000 + 14.5 × 4000 = 865450(元)

(3)每公路公里拆迁赔偿费：

32278882 × 0.04895 = 1580051(元)

(4)每公路公里建设单位管理费：

26696554 × 0.004872 = 130079(元)

(5)每公路公里质量监督费、工程监理费、定额编制管理费及设计文件审查费：

26696554 × (0.0015 + 0.016 + 0.0017 + 0.0005) = 525922(元)

(6)每公路公里研究试验费、勘察设计费、供电贴费：

32278882 × (0.00728 + 0.02113 + 0.00218) = 988702(元)

(7)每公路公里建设期贷款利息：

(32278882 + 605552 + 865450 + 1580051 + 130079 + 525922 + 988702) × (0.4 × 3 + 0.3 × 2 + 0.3 × 1) × 0.06 = 4658804(元)

(8)第一、二、三部分费用合计：

(32278882 + 605552 + 865450 + 1580051 + 130079 + 525922 + 988702 + 4658804) × 50 = 2081672100(元)

(9)工程造价增涨预留费：

$32278882 \times 50 \times [(1 + 0.05)^{5-1}] = 347815041$(元)

(10)预备费：

(32278882 + 605552 + 865450 + 1580051 + 130079 + 525922 + 988702) × 50 × 0.11 = 203360509(元)

(11)投资估算总金额为：

2081672100 + 347815041 + 203360509 = 2632847650(元)

3. 广东省平原水网地区修建四车道高速公路，每公路公里建筑安装工程费达3200万元，造价高于其他省、区的主要因素有：

(1)路基基本上是借土填方，远运平均距离达10km以上，每公里计价土方达12余万m^3。

(2)砂、石等建筑材料奇缺，都需远运，单价高于其他地区。

(3)大(中)桥每公路公里达2600m^3，长约100m，占路线长度的10%，为全国之首。

(4)互通式立体交叉约8km设一处，分离式立体交叉约2km设一处，均高于其他地区。

案例 26

背景材料

××地区拟新建一条四车道高速公路，路基宽 26m，地处平原微丘区，建设项目总里程为 30km。该工程 2000 年编制可行性研究报告投资估算，编制年工程所在地的各项预算价格以指标基价为基数按每年上调 5% 计算，建设工期为三年。其主要工程项目的工程量如下：

1. 路基土方：3000000m^3，其中有 300000m^3 增加汽车远运平均运距 5km。

2. 排水与防护：共计圬工 120000m^3。

其中：砌石圬工 80000m^3、混凝土圬工 40000m^3。

3. 软土处理：2km。

4. 路面工程：665000m^2。其中：沥青混凝土 66500m^3、沥青碎石 39900m^3。

稳定土基层：15cm 厚水泥砂砾 672000m^2，40cm 厚石灰土 676000m^2。

拦水带：40000m。

镶边：20000m。

5. 涵洞：60 道。

6. 标准跨径大于 20m 的中桥及大桥：19500m^2，其中：预应力混凝土空心板部分为 13600m^2，跨径 30m 的预应力混凝土 T 形梁桥 5900m^2（注：水中基础均为灌注桩基础）。

7. 互通式立体交叉：2 处。其中：

连续梁跨线桥 1200m^2（注：基础均为天然基础），匝道 6km，被交道主线下穿二级路 3km。

8. 分离式立体交叉：11 处。其中：

空心板桥跨线桥 5200m^2（注：基础均为天然基础），被交道主线下穿三级路 17km。

9. 通道：30 道。其中：涵洞式 20 道，小桥式 10 道。

10. 人行天桥：3 座。

11. 该项目其他直接费、现场经费、间接费综合费率见表 2-39。

其他直接费、现场经费、间接费综合费率表　　表 2-39

序　号	项　目	其他直接费	现场经费	间接费
1	机械土方	2.5	9.5	3.5
2	汽车运土	0.8	5.2	1.5
3	高级路面	2.8	8.0	2.5
4	其他路面	2.0	10.0	4.0
5	构造物 I	3.7	13.8	4.8
6	构造物 II	3.5	13.5	4.0

12. 该项目其他工程费率为 2%。

问题

计算指标建筑安装工程费和建筑安装工程费。

分析要点

本案例主要考核可行性研究报告阶段投资估算的编制,分析思路如下:

其他工程费 = 直接费 × 其他工程费率

其他直接费、现场经费及间接费 = 指标基价 ×(1 + 其他工程费率)× 综合费率

答案

1. 计算各类综合费率。

机械土方:(1 +0.025 +0.095)×(1 +0.035)-1 =0.1592

汽车运土:(1 +0.008 +0.052)×(1 +0.015)-1 =0.0759

高级路面:(1 +0.028 +0.08)×(1 +0.025)-1 =0.1357

其他路面:(1 +0.02 +0.1)×(1 +0.04)-1 =0.1648

构造物Ⅰ:(1 +0.037 +0.138)×(1 +0.048)-1 =0.2314

构造物Ⅱ:(1 +0.035 +0.135)×(1 +0.04)-1 =0.2168

2. 计算土方费用。

(1)指标直接费:

12603 ×3000 =37809000(元)

(3187 +786 ×9)×300 =3078300(元)

(2)其他直接费、现场经费和间接费:

37809000 ×(1 +0.02)×0.1592 +3078300 ×(1 +0.02)×0.0759 =6377892(元)

3. 计算排水与防护费用。

(1)指标直接费:

13567 ×800 +43430 ×400 +60037 ×30 =30026710(元)

(2)其他直接费、现场经费和间接费:

30026710 ×(1 +0.02)×0.2314 =7087144(元)

4. 计算软土处理费用。

(1)指标直接费:

2009368 ×2 =4018736(元)

(2)其他直接费、现场经费和间接费:

4018736 ×(1 +0.02)×0.1648 =675533(元)

5. 计算路面费用。

(1)指标直接费:

高级路面:35716 ×399 +39054 ×665 =40221594(元)

其他路面:17980 ×672 +(6893 +374 ×25 +877 ×2)×676 +16877 ×40 +3206 ×20
=24987732(元)

(2)其他直接费、现场经费和间接费:

40221594 ×(1 +0.02)×0.1357 +24987732 ×(1 +0.02)×0.1648 =9767570(元)

6. 计算桥涵费用。

(1)指标直接费:

涵洞:69648 ×60 =4178880(元)

大中桥:133600 ×136 +251319 ×59 =32997421(元)

(2)其他直接费、现场经费和间接费:

4178880 ×(1 +0.02)×0.2314 +32997421 ×(1 +0.02)×0.2168 =8283250(元)

7. 计算交叉工程费用。

(1)指标直接费:

互通:140427 ×12 +1431298 ×6 +1793318 ×3 =15652866(元)

分离:133370 ×52 +966861 ×17 =23371877(元)

通道:175745 ×20 +353197 ×10 =7046870(元)

天桥:247074 ×3 =741222(元)

(2)其他直接费、现场经费和间接费:

(15652866 +23371877 +7046870 +741222)×(1 +0.02)×0.2314 =11049140(元)

8. 计算安全设施及服务管理设施费用。

(1)指标直接费:

(741335 +286336 +16574 +104913 +191817)×30 =40229250(元)

(2)其他直接费、现场经费和间接费:

40229250 ×(1 +0.02)×0.2314 =9495229(元)

9. 指标直接费合计:

37809000 +3078300 +30026710 +4018736 +40221594 +24987732 +4178880 +32997421 +15652866 +23371877 +7046870 +741222 +40229250 =264360458(元)

10. 直接费与其他工程费合计:

$264360458 \times (1+0.05)^4 \times (1+0.02) = 327758425$(元)

11. 其他直接费、现场经费和间接费合计:

6377892 +7087144 +675533 +9767570 +8283250 +11049140 +9495229 =52735758(元)

12. 施工技术装备费合计:

[264360458 ×(1 +0.02) +52735758] ×0.03 =9671503(元)

13. 计划利润合计:

[264360458 ×(1 +0.02) +52735758] ×0.04 =12895337(元)

14. 税金合计:

(327758425 +52735758 +12895337)× 0.0341 =13414583(元)

15. 指标建筑安装工程费合计:

264360458 ×(1 +0.02) +52735758 +9671503 +12895337 +13414583 =358364848(元)

16. 建筑安装工程费合计:

327758425 +52735758 +9671503 +12895337 +13414583 =416475606(元)

案例 27

背景材料

××大桥项目，拟从日本进口设备。据调查，装运港船上交货价为 100 万美元，设备质量为 800t，国际运价为 250 美元/t，运输保险费率为 2.66‰，银行财务费为设备离岸价的 5‰，外贸手续费率是 1.5%。已知，人民币对美元的外汇牌价（卖出价）为：1 美元 = 8.3元人民币，设备运杂费率 1.5%，关税按 22% 计，增值税率按 17% 计，国内同类项目建设投资参数见表2-40。

项目建设投资参数表　　表 2-40

费用名称	合计（万元）	其中：设备费（万元）	占投资额比例（%）
建筑工程	2652.41		43.26
设备与安装	1879.64	1496.33	30.653
临时工程	1013.79		16.53
其他	585.80		9.56

本项目其他费用开支估计为 250 万元。目前相当于上述同类项目参数，由于时间因素引起定额、价格、费用变化的综合调整系数为 1.15。

问题

估算本项目需要多少投资？

分析要点

本案例主要考核引进项目硬、软件从属费用的内容和计算方法，以及设备投资百分比估法估算拟建项目的总投资。

引进项目硬、软件从属费用的内容和计算方法见表 2-41。

引进项目硬、软件从属费用的内容和计算方法表　　表 2-41

费用名称	计算公式	备注
货价	货价 = 离岸价合同中硬、软件的外币金额 × 人民币外汇牌价（卖出价）	外汇牌价是指合同签订生效后，第一次付款日期的兑汇牌价
国际运费	海运费 = 合同中硬件外币金额 × 卖出价 × 远洋公司的运输费率	海运费率通常取 6%
	空运费 = 合同中硬件外币金额 × 卖出价 × 航空公司的空运费率	空运费率通常取 8.5%
	陆运费 = 合同中硬件外币金额 × 卖出价 × 铁路部门的空运费率	铁路运输费率通常取 1%

续上表

费用名称	计算公式	备注
国际运输保险费(价内税)	保险费=(硬件外币金额×卖出价+国际运费)×保险费费率÷(1-保险费费率)	海运、空运和陆运的保险费费率通常分别取:3.5‰、4.5‰、2.66‰
关税	硬件关税=(硬件外币金额×中间价+运费+运输保险费)×税率 软件关税=合同中软件应计关税的外币金额×税率	计关税的软件指设计费、技术秘密和专利许可证费、技术服务费、图纸费
消费税(价内税)	消费税=(关税完税的基数+关税金额)×消费税率÷(1-消费税率)	越野车、小汽车取5%; 小轿车取8%; 汽车轮胎取10%
增值税	增值税=(关税完税的基数+关税+消费税)×增值税率	增值税率取17%
银行财务费	合同中硬、软件外币金额×出卖价×银行财务费率	银行财务费率通常取0.4%~0.5%
外贸手续费	(设备进口货价+国际运费+运输保险费)×外贸手续费费率	外贸手续费率通常取1%~1.5%
海关监管手续费	减免关税部分的到岸价外币金额×中间价×3%	仅对减免关税的那一部分加收海关手续费

用设备投资百分比估算法估算总投资的计算公式如下:

$$E=C\times(1+p_1\times f_1+p_2\times f_2+\cdots)+I$$

式中:E——拟建项目的总投资;

C——拟建项目的设备投资;

I——拟建项目的其他工程费用投资;

p_1、p_2——分别表示已建项目中其他附属项目投资占设备投资的比例;

f_1、f_2——分别表示拟建期与类似工程建造期各附属项目的综合调价系数。

答案

1.计算进口设备到达工程地点的价格。

(1)设备货价=100×8.3=830(万元)

(2)国际运费=800×250×8.3=166(万元)

(3)国际运输保险费=(830+166)×0.00266÷(1-0.00266)=2.6564(万元)

(4)银行财务费=830×0.005=4.15(万元)

(5)外贸手续费=(830+166+2.6564)×0.015=14.9798(万元)

(6)关税=(830+166+2.6564)×0.22=219.7044(万元)

(7)增值税=(830+166+2.6564+219-7044)×0.17=207.1213(万元)

(8)国内运杂费 = (830 + 166 + 2.6564 + 4.15 + 14.9798 + 219.7044 + 207.1213) × 0.015
= 21.6692(万元)

(9)设备费 = 830 + 166 + 2.6564 + 4.15 + 14.9798 + 219.7044 + 207.1213 + 21.6692
= 1466.2811(万元)

2. 本建设项目投资估算:

1466.2811 × [1 + 2652.41 ÷ 1496.33 × 1.15 + (1879.64 − 1496.33) ÷ 1496.33 × 1.15 + 1013.79 ÷ 1496.33 × 1.15] + 250 = 6279.6982(万元)

第三章

公路工程施工组织

知识体系

1. 按单位费用最低的原则选取机械型号，计算直接费和机械需要量；
2. 施工方案的分析比较；
3. 路基土、石方施工方法的选择，各种机械的合理组合，路基土、石方挖方，填方，利用方等各项工程清单的构成；
4. 利用价值工程进行设计方案评价的方法；
5. 网络图的优化与调整。

案例 1

背景材料

由××公路工程公司承担基坑土方施工，基坑深为4.0m，土方量为15000m^3，运土距离按平均5km计算，计算工期为10天，公司现有斗容量0.5m^3、0.75m^3、1.00m^3液压挖掘机各2台及4t、8t、15t自卸汽车各10台，其主要参数见表3-1、表3-2。

挖掘机主要参数表　　表3-1

型　　号	WY50	WY75	WY100
斗容量(m^3)	0.5	0.75	1.00
台班产量(m^3)	420	558	690
台班价格(元/台班)	475	530	705

自卸汽车主要参数表　　表3-2

载重能力	4t	8t	15t
运距5km台班产量(m^3)	40	62	103
台班价格(元/台班)	296	411	719

问题

1. 挖掘机与自卸汽车按表中型号只能各取一种，怎样组合最经济？其每立方米土方挖、运、卸的直接费为多少元？

2. 若按两班制组织施工，则需要配备几台挖掘机和几台自卸汽车？

3. 按照确定的机械配备，完成基坑土方开挖任务需要多长时间？

答案

1. 确定最经济的机械组合方案。

挖掘机挖每立方米土的费用为：

WY50：$475 \div 420 = 1.13$（元/m^3）

WY75：$530 \div 558 = 0.95$（元/m^3）

WY100：$705 \div 690 = 1.02$（元/m^3）

自卸汽车运每立方米土的费用为：

4t：$296 \div 40 = 7.40$（元/m^3）

8t：$411 \div 62 = 6.63$（元/m^3）

15t：$719 \div 103 = 6.98$（元/m^3）

因此，最经济的组合应该是：WY75 挖掘机与 8t 自卸汽车，其每立方米土方挖、运、卸的直接费为：

$0.95 + 6.63 = 7.58$（元/m^3）

2. 计算每天需要挖掘机和自卸汽车的数量。

根据最经济组合，每天需要的挖掘机台数与自卸汽车台数的比例为：

$558 \div 62 = 9$，即每台 WY75 挖掘机配备 9 台 8t 自卸汽车。

$15000 \div (558 \times 10 \times 2) = 1.34$（台）

取每天配备 WY75 挖掘机 2 台，则每天需 8t 自卸汽车 $2 \times 9 = 18$（台）。由于该施工单位仅有 10 台 8t 自卸汽车，因此，应考虑用 15t 自卸汽车来代替，每天需 15t 自卸汽车 $8 \times 62 \div 103 = 4.82$（台），按 5 台配备。

因此，每天配备 WY75 挖掘机 2 台，8t 自卸汽车 10 台，15t 自卸汽车 5 台。

3. 按照上述机械配备，计算完成此基坑开挖工程需要的工期。

按挖掘机计算的工期为：

$15000 \div (558 \times 2 \times 2) = 6.72$（天）

按自卸汽车计算的工期为：

$15000 \div (62 \times 10 \times 2 + 103 \times 5 \times 2) = 6.61$（天）

因此，完成基坑土方开挖需 6.72 天。

案例 2

背景材料

××地区有一山岭重丘区高速公路，路基土方挖方土质为普通土，平均运距 30m 的有 1000000m^3，平均运距 50m 的有 1000000m^3，平均运距 200m 的有 1000000m^3，平均运距 3000m 的有 1000000m^3。

问题

1. 计算挖土方的平均运距。
2. 提出全部合理的机械化施工方式。
3. 提出不同机械施工方式的预算定额工程细目名称、定额表号及定额直接费。

分析要点

本案例主要考核关于土、石方工程机械的经济运距，以及机械规格型号的选择。一般来讲，工程量较大的土、石方施工应选择大功率或大吨位的施工机械，工程量小的土、石方施工应选择小功率或小吨位的施工机械。因此，本案例推土机以135～240kW均属正确；铲运机以10～12m^3均属正确；自卸汽车以12～15t均属正确；装载机以2～3m^3均属正确。

答案

1. 计算挖土方平均运距。

(30×1000000+50×1000000+200×1000000+3000×1000000)÷4000000=820(m)

2. 确定合理的机械化施工方式。

平均运距30m和50m的采用推土机施工。

平均运距200m的采用铲运机施工。

平均运距3000m的采用推土机集土、装载机装土、自卸汽车运输施工。

3. 不同施工方式的预算定额工程细目名称、定额表号及定额直接费见表3-3。

推土机施工、铲运机施工、装载机配合自卸汽车施工预算定额工程细目表　　表3-3

施工方式	预算定额细目名称		定额表号	数量 1000m^3	定额基价	调整系数	定额直接工程费(元)
推土机施工	165kW以内推土机推土	第一个20m	1-1-12-14	1807	1248	—	5698000
		每增运10m	1-1-12-16	521	417	2	
铲运机施工	10m^3以内铲运机铲运土方	第一个100m	1-1-13-6	2839	2810	—	3685000
		每增运50m	1-1-13-8	423	447	2	
装载机配合自卸汽车施工	165kW以内推土机推松集土		1-1-12-14	1807	1248	0.8	6726600
	3m^3以内装载机装土		1-1-10-3	985	1053	—	
	15t以内自卸汽车运土	第一个1km	1-1-11-21	3816	5235	—	
		每增运0.5km	1-1-11-22	480	640	4	

案例3

背景材料

××省修建一条四车道一级公路，路基宽24.00m。地处平原微丘区，建设工期为三年。该工程中有一段路基工程，全部是借土填方，平均每公里约10万m^3。有一座250m长的大桥，水深1～2m，设计为灌注桩基础，预应力混凝土T形梁，河东岸有一片高地，为指定取土范围，土质为普通土，河西岸新建公路10km长，路基填土方计1000000m^3，全部由河东岸借土汽车远运至西岸。河上游5km处有一座旧公路桥，连接一条三级公路，可通往取土地和河西岸新建公路填方起点，详见图3-1。

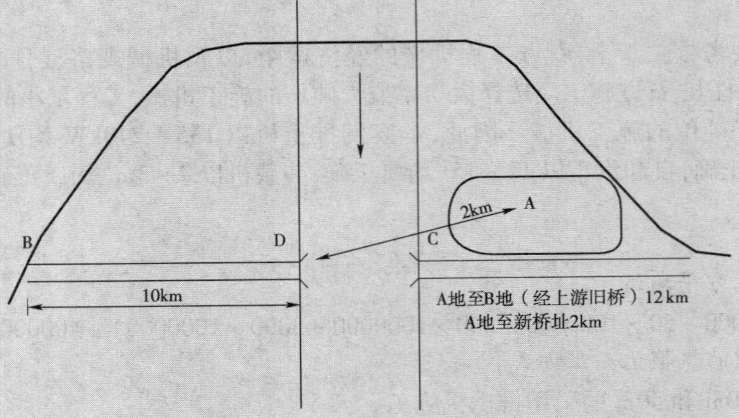

图 3-1　施工场地示意图

问题

1. 分析比较土方运输方案，一是走旧桥方案，二是走利用并加宽大桥施工便桥方案(加宽至8m，50%费用摊入填方内)，分别给出两种运输方案路基填方的工程细目、工程量及定额表号。

2. 该项目其他直接费、现场经费、间接费的综合费率见表3-4，试通过分析计算确定路基填方的运输方案。

其他直接工程费、间接费的综合费率表(%)　　表3-4

序　号	项　目	其他直接工程费		间　接　费	
		Ⅰ	Ⅱ	规费	企业管理费
1	机械土方	3.04	0	35	3.98
2	汽车运输	1.48	0	35	2.08
3	构造物Ⅰ	5.08	0	35	5.38
4	构造物Ⅱ	6.03	0	35	6.57

注：分析计算时不考虑路基边缘加宽填方和需要洒水的费用，施工工期按三年考虑。

分析要点

本案例主要考核如何进行施工方案的分析比较。一般来讲，在均能达到同一技术要求的情况下，应以费用最少为最佳选择。而在分析比较时，对于相同部分可不予考虑，仅考虑差异的部分。

答案

1. 两种运输方案路基填方的工程细目、工程量及定额表号见表3-5、表3-6。

走老路方案路基填方的工程细目、工程量及定额表号表　　表 3-5

工程细目名称		单　位	数　量	定额表号	定额调整系数
165kW 以内推土机集土		m^3	1000000	1-1-12-18	1.16×0.8
$3m^3$ 以内装载机装土		m^3	1000000	1-1-10-2	1.16
15t 以内自卸汽车运土	第一个 1km	m^3	1000000	1-1-11-21	1.19
	每增运 0.5km	m^3	1000000	1-1-11-24	1.19×32
机械碾压路基填方		m^3	1000000	1-1-18-4	
整修路拱		m^2	240000	1-1-20-1	
整修边坡		km	10	1-1-20-3	

走施工便桥方案路基填方的工程细目、工程量及定额表号表　　表 3-6

工程细目名称		单　位	数　量	定额表号	定额调整系数
165kW 以内推土机集土		m^3	1000000	1-1-12-18	1.16×0.8
$3m^3$ 以内装载机装土		m^3	1000000	1-1-10-2	1.16
15t 以内自卸汽车运土	第一个 1km	m^3	1000000	1-1-11-21	1.19
	每增运 0.5km	m^3	1000000	1-1-11-22	1.19×12
机械碾压路基填方		m^3	1000000	1-1-18-4	
整修路拱		m^2	240000	1-1-20-1	
整修边坡		km	10	1-1-20-3	
施工便桥	钢便桥	m	250	7-1-2-1	2×0.5
	便桥墩	座	11	7-1-2-2	2×0.5

2. 两种运输方案的分析比较：

在分析两种运输方案时，对于推土机集土、装载机装土、填方碾压、整修路拱、整修边坡、自卸汽车运输第一个 1km 等相同的内容，可不参与计算，只计算有差异的部分。

走老路方案的定额直接费与间接费之和为：

$$1000\times418\times32\times1.19\times(1+0.0148)\times(1+0.0208)+0=16489001(\text{元})$$

走施工便桥方案的定额直接费与间接费之和为：

$$1000\times438\times12\times1.19\times(1+0.0148)\times(1+0.0208)+(12530\times25+2353.3\times36\div4\times25)\times(1+0.0508)\times(1+0.0538)\times2\times0.5+45.8\times25\times0.35\times49.02\times2\times0.5+(1940\times11+0.152\times2\times5610\times11)\times(1+0.0508)\times(1+0.0538)\times2\times0.5+2.3\times11\times49.02\times2\times0.5\times0.35=7458428(\text{元})$$

走施工便桥方案比走老路方案的定额直接工程费与间接费之和少 9030573 元，因此应选择走施工便桥方案。

案例 4

背景材料

××高速公路第×合同段共长 16.76km，路基宽度为 26m，两端分别为 2.46km 和 3.40km，穿越丘陵地带，土壤为普通土；中间 10.90km，穿越农田、果林，绝大部分为填方地段。

1. 路基土、石方工程量如下：

挖方（天然密实方）：开挖土方（普通土）262826m^3；开炸石方（次坚石）1444007m^3；石方弃方远运 3km，400000m^3。

填方（压实方）：利用土填方 226574m^3（远运 4.0km）；利用石填方 1135109m^3（远运 4.5km）；借土填方 210576m^3（普通土远运 5km）。

注：石方碾压暂按二级公路定额乘以 1.20 的系数计算。

2. 其他零星工程应摊入填、挖单价内的有：

耕地填前压实计 260000m^3 按填方比例分摊。其中，利用土方填方 39000m^3；利用石方填方 187200m^3；借土填方 33800m^3。

整修路基分摊到填、挖方单价中，工程量见表 3-7。

整修路基主要工程量表　　表 3-7

项　　目	整修路拱（m^3）	整修边坡（km）
挖土方	22854	0.88
开炸石方	129506	4.98
利用土方填方	42510	1.63
利用石方填方	204048	7.85
借土填方	36842	1.42

填方地段为保证路基边缘压实度每边加宽的填方，完工后应刷坡计 80000m^3，分摊到填方单价内。其中，利用土方填方 12000m^3；利用石方填方 57600m^3；借土填方 10400m^3。

问题

1. 简要叙述该段路基土、石方工程的施工方法。
2. 计算上列工程量清单项目的数量、定额代号及 2008 定额基价。

分析要点

本案例主要考核路基土、石方施工方法的选择，各种土、石方施工机械的经济范围及各种机械的合理组合；路基土、石方挖方、填方、利用方等各项工程量清单的构成。

答案

1. 施工方法的选用：

该高速公路路基土、石方工程，挖方和填方都比较集中，利用方和借方运距达 4 ~ 5km，因此，施工方法采用大型土、石方机械施工较为合适。路基土、石方挖运宜采用 165kW 以内推土机推运和集料 $3m^3$ 装载机装料，15t 自卸汽车运输。填方选用平地机平整、重振动压路机碾压，符合高速公路施工进度和质量要求。

2. 工程量清单所包括的工程细目、工程量、定额表号、调整系数及基价见表 3-8 ~ 表3-12。

开挖路基土方（$262826m^3$）工程数量表　　表 3-8

序　号	工 程 项 目		单　位	定额代号	工程量	定额调整系数	定额基价（元）
1	165kW 以内推土机推土方	第一个 20m	$1000m^3$	1-1-12-18	262.826		1715
		每增运 10m	$1000m^3$	1-1-12-20	262.826		484
2	整修边坡		1km	1-1-20-3	0.88		15566
3	整修路拱		$1000m^3$	1-1-20-1	22.854		121
合计							595298

开挖路基石方（$14440070m^3$）工程数量表　　表 3-9

序　号	工 程 项 目		单　位	定额代号	工程量	定额调整系数	定额基价（元）
1	165kW 以内推土机推土方	第一个 20m	$1000m^3$	1-1-15-31	14440.07		14765
		每增运 10m	$1000m^3$	1-1-15-34	14440.07		1273
2	$3m^3$ 装载机装石（弃方）		$1000m^3$	1-1-10-9	400		1916
3	15t 以内自卸汽车运石方	第一个 1km	$1000m^3$	1-1-11-49	400		6275
		每增运 0.5km	$1000m^3$	1-1-11-50	400	4	726
4	整修边坡		1km	1-1-20-3	4.98		15566
5	整修路拱		$1000m^3$	1-1-20-1	129.506		121
合计							236126012

利用土方填方（$226574m^3$）工程数量表　　表 3-10

序　号	工 程 项 目		单　位	定额代号	工程量	定额调整系数	定额基价（元）
1	$3m^3$ 装载机装土		$1000m^3$	1-1-10-3	226.574	1.16	985
2	15t 以内自卸汽车运土方	第一个 1km	$1000m^3$	1-1-11-21	226.574	1.19	3816
		每增运 0.5km	$1000m^3$	1-1-11-22	226.574	6 × 1.19	480
3	土方碾压		$1000m^3$	1-1-18-4	226.574		3884
4	耕地填前压实		$1000m^3$	1-1-5-4	39		261
5	刷坡		$1000m^3$	1-1-21-2	120		14135
6	整修边坡		1km	1-1-20-3	1.63		16566
7	整修路拱		$1000m^3$	1-1-20-1	42.51		121
合计							4682818

利用石方填方（1135109m³）工程数量表 表 3-11

序 号	工 程 项 目		单 位	定额代号	工程量	定额调整系数	定额基价（元）
1	$3m^3$ 装载机装石		$1000m^3$	1-1-10-9	1135.109	0.92	1916
2	15t 以内自卸汽车运石方	第一个 1km	$1000m^3$	1-1-11-49	1135.109	0.92	6275
		每增运 0.5km	$1000m^3$	1-1-11-50	1135.109	7×0.92	726
3	石方碾压		$1000m^3$	1-1-18-20	1135.109	1.2	4724
4	耕地填前压实		$1000m^2$	1-1-5-4	187.2		261
5	刷坡		$1000m^3$	1-1-21-2	576		14135
6	整修边坡		1km	1-1-20-3	7.85		16566
7	整修路拱		$1000m^3$	1-1-20-1	204.048		121
合计							28641056

借土方填方（210576m³）工程数量表 表 3-12

序 号	工 程 项 目		单 位	定额代号	工程量	定额调整系数	定额基价（元）
1	165kW 以内推土机集土方		$1000m^3$	1-1-12-18	210.576	1.16×0.8	1715
2	$3m^3$ 装载机装石（弃方）		$1000m^3$	1-1-10-3	210.576	1.16	985
3	15t 以内自卸汽车运石方	第一个 1km	$1000m^3$	1-1-11-21	210.576	1.19	3816
		每增运 0.5km	$1000m^3$	1-1-11-22	210.576	8×1.19	480
4	土方碾压		$1000m^3$	1-1-18-4	210.576		3884
5	耕地填前压实		$1000m^2$	1-1-5-4	33.8		261
6	刷坡		$1000m^3$	1-1-21-2	104		14135
7	整修边坡		1km	1-1-20-3	1.42		16566
8	整修路拱		$1000m^3$	1-1-20-1	36.842		121
合计							4818943

定额基价合计：

595298 + 236126012 + 4682818 + 28641056 + 4818943 = 274864127（元）

案例 5

背景材料

××涵洞工程混凝土总需要量为 5000m³，混凝土工程施工有两种方案可供选择。方案 A 为现场制作，方案 B 为购买商品混凝土。已知商品混凝土的平均单价为 410 元/m³，现场混凝土的单价计算公式为：

$$C = \frac{C_1}{Q} + \frac{C_2 \times T}{Q} + C_3 \qquad (3\text{-}1)$$

式中：C——现场制作混凝土的单价（元/m^3）；

C_1——现场拌和站一次性投资，本工程为200000元；

C_2——拌和站设备的租金及维修费（与工期有关的费用），本工程为15000元/月；

C_3——现场拌和混凝土所需的费用（与混凝土数量有关的费用），本工程为320元/m^3；

Q——现场拌和混凝土的数量（m^3）；

T——工期（月）。

问题

若混凝土施工工期不同时，A、B两个方案哪一个经济？当混凝土施工工期为12个月时，现场制作混凝土最少为多少立方米才比购买商品混凝土经济？

分析要点

本案例主要考核运用给定的技术经济指标进行混凝土施工方案的分析与选择。

答案

采用的方案与工期的关系，当A、B两个方案的成本相同时，工期T满足以下关系：

$200000 \div 5000 + 15000 \times T \div 5000 + 320 = 410$

$T = (410 - 320 - 200000 \div 5000) \div 15000 \times 5000 = 16.67$（月）

由此可得到以下结论：

工期为16.67个月时，A、B两个方案成本相同；

当工期$T < 16.67$个月时，A方案比B方案经济；

当工期$T > 16.67$个月时，B方案比A方案经济。

当工期为12个月时，现场制作混凝土的最少数量为：

设最少数量为x，则有：

$200000 \div x + 15000 \times 12 \div x + 320 = 410$

$x = (200000 + 15000 \times 12) \div (410 - 320) = 4222.22$（$m^3$）

即当$T = 12$个月时，现场制作混凝土的数量必须大于4222.22m^3才比购买商品混凝土经济。

案例6

背景材料

某桥梁工程上部结构设计为40m跨径的预应力混凝土T形梁，有两种方案可供选择：方案A为预制安装T形梁，方案B为搭支架现浇T形梁。

已知：每片梁的混凝土为25m^3，每孔由6片梁组成，混凝土拌和站的处理费用为250000元，拌和站设备摊销及维修费用为15000元/月；现浇T形梁混凝土的费用为610元/m^3，预制安装T形梁混凝土的费用为720元/m^3，现浇混凝土运输费用为20元/m^3，预制构件运输费用为 25 元/m^3，大型预制构件底座的费用为 26000 元，现场支架的费用为 130 元/m^3 混凝土；现浇一孔 T 形梁的时间为 50 天，每片梁的预制周期为 8 天。

问题

1. 当混合物数量为多少时，A、B 两方案的施工成本是一致的？
2. 假设该桥梁的长度为 405m，此时 A、B 两方案哪一个更经济？

答案

1. 假设当 T 形梁数量为 Q 片时 A、B 两方案的施工成本是一致的，则

A 方案的施工成本为：$250000 + 15000 \times Q \times 8 \div 30 + 25 \times Q \times (720 + 25) + 26000$

B 方案的施工成本为：$250000 + 15000 \times Q \times 50 \div 30 \div 6 + 25 \times Q \times (610 + 20 + 130)$

求得当 A、B 成本相等时，$Q = 48$（片）

则 T 形梁混凝土数量为 $48 \times 25 = 1200$（m^3）

即：当混凝土数量为 1200m^3时，A、B 两方案的施工成本是一致的。

2. A、B 方案的经济性比较：

当桥梁长度为 405m 时，其孔数应为：$405 \div 10 = 10.125 \approx 10$（孔）

即应为 10 孔，则 T 形梁数量为：$10 \times 6 = 60$（片梁）

此时，A 方案的施工成本为：

$250000 + 15000 \times 60 \times 8 \div 30 + 25 \times 60 \times (720 + 25) + 2600 = 1633500$（元）

B 方案的施工成本为：

$250000 + 15000 \times 60 \times 50 \div 30 \div 6 + 25 \times 60 \times (610 + 20 + 130) = 1640000$（元）

因此，A 方案比 B 方案经济（即应采用预制安装的施工方案）。

案例 7

背景材料

造价工程师在××桥梁工程中，采用价值工程的方法对该工程的设计方案和编制的施工方案进行了全面的技术经济评价，取得了良好的经济效益和社会效益。有五个设计方案，经有关专家对上述方案进行技术经济分析和论证，得出如下资料，见表 3-13、表 3-14。

功能重要性评分表　　表 3-13

方案功能	F1	F2	F3	F4	F5
F1	0	4	2	3	2
F2	4	0	3	4	2
F3	2	3	0	2	2
F4	3	4	2	0	1
F5	2	2	2	1	0

方案功能得分及单方造价表 表 3-14

方案功能	方案功能得分				
	A	B	C	D	E
F1	9	10	9	8	7
F2	10	9	10	9	8
F3	9	8	7	8	10
F4	7	9	8	7	6
F5	8	7	8	10	9
单方造价(元/m^3)	2200.00	2100.00	2000.00	1900.00	1800.00

问题

1. 计算功能重要性系数。

2. 计算功能系数、成本系数、价值系数,选择最优设计方案。

3. 在对施工单位提出的施工方案进行技术经济分析时,造价工程师提出将评价指标分为工程成本、工程工期、工程质量和其他等四个方面,请将这四个方面的指标进一步细化。

分析要点

本案例主要考核工程设计阶段设计方案的评价方法与评价准则。运用价值工程进行设计方案评价的方法,要求根据方案得分和功能重要性系数确定功能系数,根据单方造价确定成本系数,根据功能系数和成本系数确定价值系数并选择最优设计方案。

答案

1. 计算功能重要性系数。

F1 得分 $=4+2+3+2=11$,功能重要性系数 $=11\div50=0.22$

F2 得分 $=4+3+4+2=13$,功能重要性系数 $=13\div50=0.26$

F3 得分 $=2+3+2+2=9$,功能重要性系数 $=9\div50=0.18$

F4 得分 $=3+4+2+1=10$,功能重要性系数 $=10\div50=0.20$

F5 得分 $=1+2+3+1=7$,功能重要性系数 $=7\div50=0.14$

总得分 $=11+13+9+10+7=50$

2. 计算功能系数、成本系数、价值系数,选择最优设计方案。

(1)计算功能系数:

方案功能得分:

$F_A=9\times0.22+10\times0.26+9\times0.18+7\times0.20+8\times0.14=8.72$

$F_B=10\times0.22+9\times0.26+8\times0.18+9\times0.20+7\times0.14=8.76$

$F_C=9\times0.22+10\times0.26+7\times0.18+8\times0.20+8\times0.14=8.56$

$F_D = 8 \times 0.22 + 9 \times 0.26 + 8 \times 0.18 + 7 \times 0.20 + 10 \times 0.14 = 8.34$

$F_E = 7 \times 0.22 + 8 \times 0.26 + 10 \times 0.18 + 6 \times 0.20 + 9 \times 0.14 = 7.88$

总得分 $= 8.72 + 8.76 + 8.56 + 8.34 + 7.88 = 42.26$

功能系数计算：

$\Phi_A = 8.72 \div 42.26 = 0.206$

$\Phi_B = 8.76 \div 42.26 = 0.207$

$\Phi_C = 8.56 \div 42.26 = 0.203$

$\Phi_D = 8.34 \div 42.26 = 0.197$

$\Phi_E = 7.88 \div 42.26 = 0.186$

(2)确定成本系数和价值系数：

成本系数和价值系数的计算见表3-15，在五个方案中，D方案价值系数最大，所以D方案为最优方案。

成本系数和价值系数的计算表 表3-15

方案名称	单方造价(元/m^3)	成本系数	功能系数	价值系数	最优方案
A	2200.00	0.220	0.206	0.936	
B	2100.00	0.210	0.207	0.986	
C	2000.00	0.200	0.203	1.015	
D	1900.00	0.190	0.197	1.037	最优
E	1800.00	0.180	0.186	1.033	
合计	10000.00	1.000	1.000		

3. 施工方案的技术经济指标体系构成。

(1)工程成本包括：单位工程量成本；工程成本降低率(或成本节约额)；工料节约率(或主要材料消耗指标)；劳动生产率(或劳动力消耗)；机械利用率。

(2)工程工期包括：工期；施工均衡性；竣工率。

(3)工程质量包括：合格品率；优良品率。

(4)其他包括：施工机械化程度；安全生产；文明施工等。

案例8

背景材料

某建设工程项目的施工网络计划如图3-2所示。在施工过程中，由于业主直接原因、不可抗力因素和施工单位原因对各项工作的持续时间产生一定的影响，其结果如表3-16(正数为延长工作天数，负数为缩短工作天数)，网络计划的计划工期为84天。由于工作持续时间的变化，网络计划的实际工期为89天，如图3-3所示。

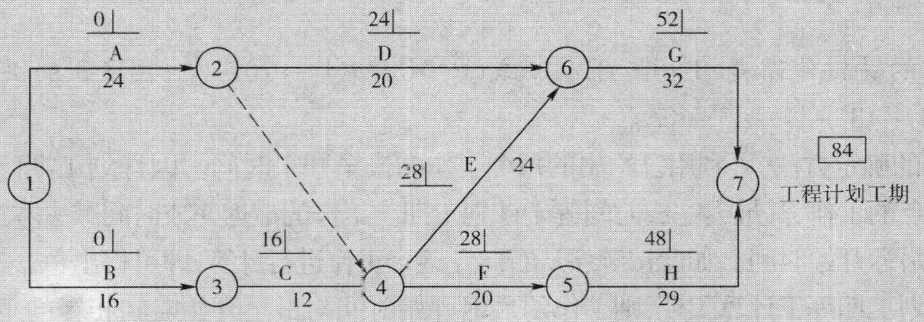

图 3-2　网络计划图

影响工作持续时间因素表　　表 3-16

工作代号	业主原因	不可抗力因素	施工单位原因	持续时间延长	延长或缩短一天的经济得失（元/天）
A	0	2	0	2	600
B	1	0	1	2	800
C	1	0	-1	0	600
D	2	0	2	4	500
E	0	2	-2	0	700
F	3	2	0	5	800
G	0	2	0	2	600
H	3	0	2	5	500
合计	10	8	2	20	

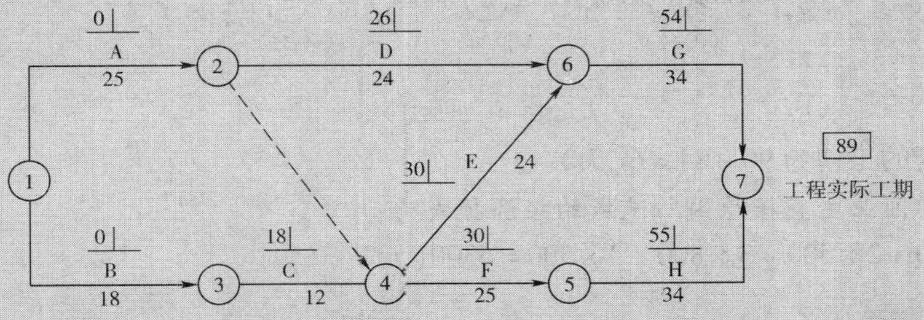

图 3-3　网络计划图

问题

1. 确定网络计划图 3-2 和图 3-3 的关键线路。
2. 延长合同工期 18 天和按实际工程延长合同工期 5 天是否合理？为什么？
3. 监理工程师应签证延长合同工期几天合理？为什么？（用网络计划图表示）
4. 监理工程师应签证索赔金额多少合理？为什么？

答案

1. 图 3-2 的关键线路是 B→C→E→G 或①→③→④→⑥→⑦；图 3-3 的关键线路为 B→C→F→H 或①→③→④→⑤→⑦。

关键线路的确定方法，可利用已给出的每个工作的最早开工时间。因计划工期已给出，则以终点节点为完成节点的工作，其最迟完成时间等于计划工期。工作的最迟完成时间减去本工作的持续时间即为该工作的最迟开始时间。如此按顺序从右向左逐个工作进行计算，即可得出每个工作的最迟开始时间。已知计划工期等于计算工期，则工作的最迟开始时间与最早开始时间相等的工作，其总时差为零，即为关键工作。从网络计划的起点节点到终点节点全是关键工作组成的线路，即为关键线路。

亦可利用其他方法，如标号法，或找出网络计划的四条线路中总持续时间最长的线路即为关键线路。

2. 两个要求均不合理。

要求顺延合同工期 18 天不合理，因业主原因和不可抗力因素对工作持续时间的影响不全在关键线路上。

要求按实际工程顺延合同工期 5 天也不合理，因其中包含了施工单位自身原因造成的工作持续时间的延长和缩短。

3. 由非施工单位原因造成的工期延长应给予延期。网络计划见图 3-4。

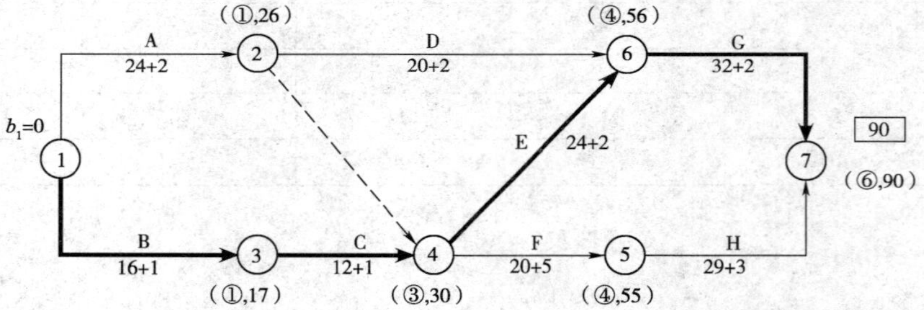

图 3-4 网络计划图

签证顺延的工期为 90 − 84 = 6(天)。

4. 只考虑因业主直接原因所造成的经济损失为：

$800 + 600 + 2 \times 500 + 3 \times 800 + 3 \times 500 = 6300$(元)

案例 9

背景材料

某桥梁工程项目建设的承建商提供给监理工程师的施工网络计划如图 3-5 所示。监理工程师审核中发现该施工计划安排不能满足施工总进度计划对该桥施工工期的要求(施工总进度计划要求 T_r = 60 天)。监理工程师向承包商提出质疑时，承包商解释说，由于该计划中的每项工作作业时间均不能够压缩，且工地施工桥台的钢模板只有一套，两个桥台只能顺序施工，若一定要压缩工作时间，可将西侧桥台基础的扩孔桩改为预制桩，但要修改设计，且需增加 12 万元的费用。监理工程师提出不同的看法。

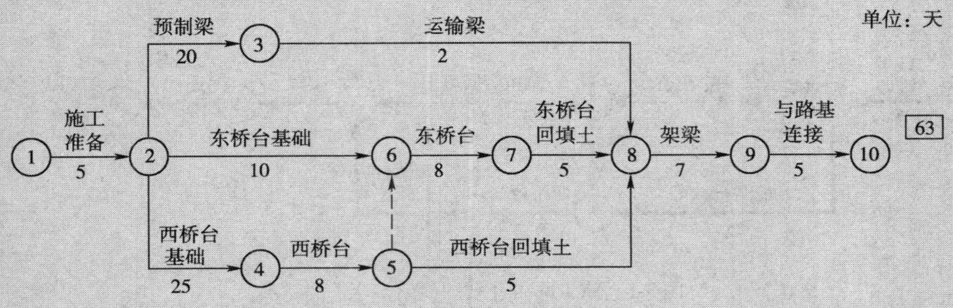

图 3-5　施工网络计划图

经监理工程师审查确认，该桥的基础工程分包给了某专业基础工程公司。在东侧桥台的扩大基础施工时，基础工程公司发现地下有污水管道，但设计文件和勘测资料中均未有说明。由于处理地下污水管道，使东侧桥台的扩大基础施工时间由原计划的 10 天延长到 13 天。基础工程公司根据监理工程师签证的处理地下污水管道增加的工程量，向监理工程师提出增加分包合同外工作量费用和延长工期 3 天的索赔要求。

问题

监理工程师应对该桥的施工网络计划提出什么建议？

答案

监理工程师应建议：在桥台的施工模板仅有一套的条件下，合理组织施工。因为西侧桥台基础为桩基，施工时间长（25 天），而东侧桥台为扩大基础，施工时间短（10 天）。原施工网络计划中施工组织方案为西侧桥台和东侧桥台基础施工完毕后再施工东侧桥台，现应改为在东侧桥台和西侧桥台基础施工完毕后，再组织施工西侧桥台（图 3-6）。这样改变一下施工组织方式，可以将该施工网络计划的计划工期缩短到 55 天，小于要求工期 60 天，也不需要增加费用。

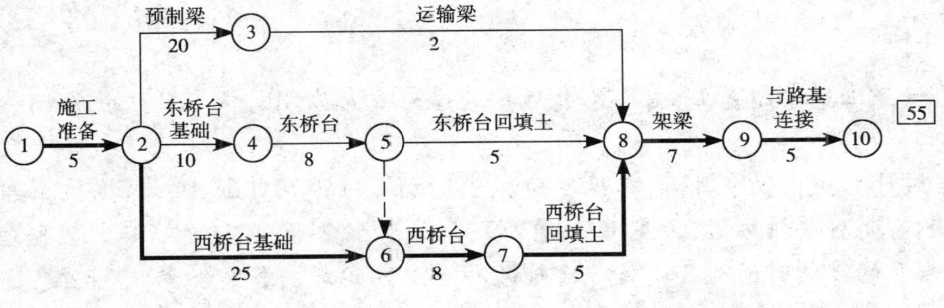

图 3-6　施工网络计划图（单位：天）

若总包单位向监理工程师提出上述索赔要求，监理工程师应同意费用补偿，不应同意工期索赔，虽然东侧桥台基础施工增加 3 天，但此工作在施工网络计划中不是关键工作，增加了 3

天后也未成为关键工作，故不影响要求工期，如图 3-7 所示。

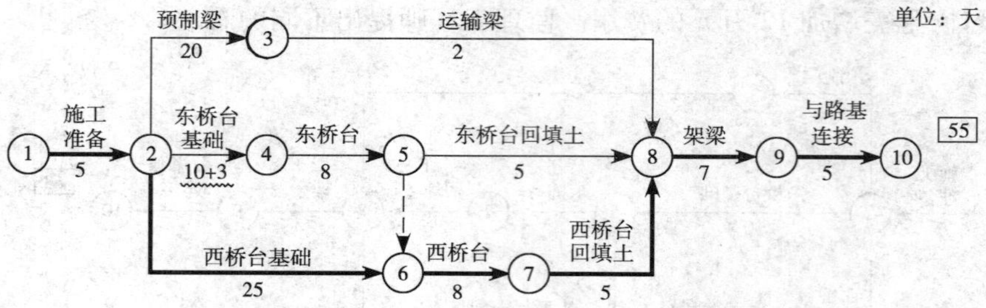

图 3-7　施工网络计划图（单位：天）

案例 10

背景材料

某委托监理工程，施工合同工期为 20 个月，土方工程量为 28000m^3，土方单价为 18 元/m^3。施工合同中规定，土方工程超出原估计工程量 15% 时，新的土方单价应调整为 15 元/m^3。经监理工程师审核批准的施工进度计划如图 3-8 所示（时间单位：月）。其中工作 A、E、J 共用一台施工机械，且必须顺序施工。

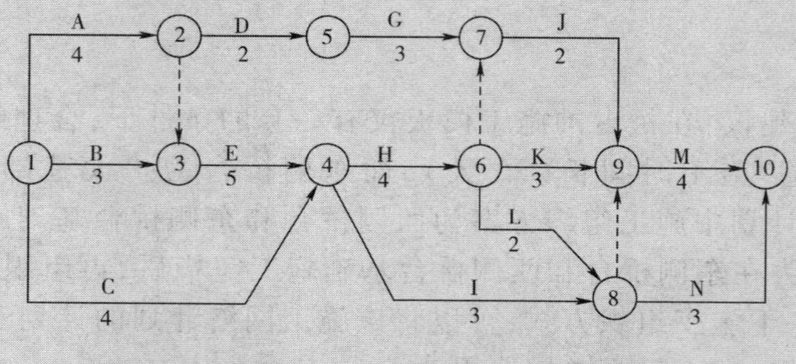

图 3-8　施工网络计划图

问题

1. 为确保工程按期完工，图 3-8 中哪些工作为重点控制对象？施工机械闲置的时间是多少？

2. 当该计划执行 3 个月后，建设单位提出增加一项新的工作 F。根据施工组织的不同，工作 F 有两种安排方案，方案 1：如图 3-9 所示；方案 2：如图 3-10 所示。经监理工程师确认，工作 F 的持续时间为 3 个月。比较两种组织方案哪一个更合理，为什么？

3. 如果所增加的工作 F 为土方工程，经监理工程复核确认的工作 F 的土方量为 10000m^3，则土方工程的总费用是多少？

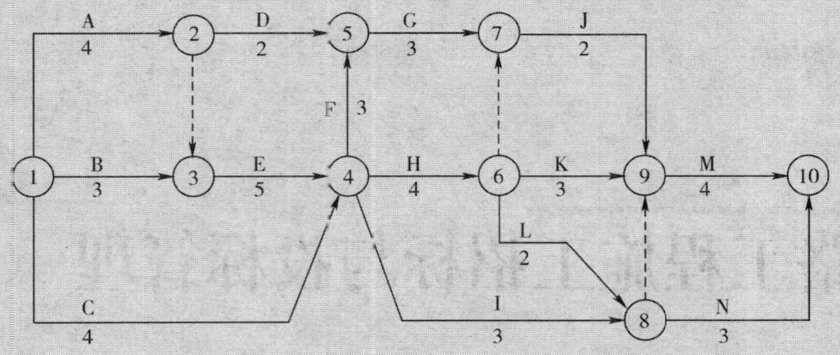

图 3-9 方案 1 施工网络计划图

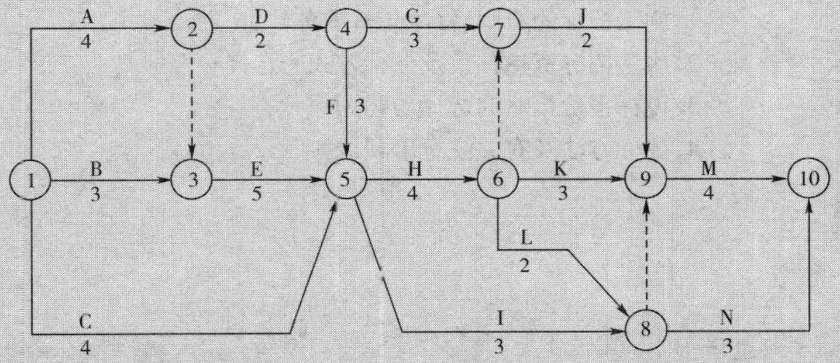

图 3-10 方案 2 施工网络计划图

答案

1. 重点控制对象为 A、E、H、K、M 工作；施工机械闲置时间为 4 个月。

2. 两种方案的比较如下：

方案 1 的工期为 21 个月，施工机械闲置为 6 个月；方案 2 工期为 20 个月，施工机械闲置时间为 4 个月。所以，方案 2 更合理，因为工期短，施工机械闲置时间少。

3. 土方工程的总费用为：

新增 F 工作后增加土方工程量为 1000m^3，超出原估算土方工程量的 15%；10000(m^3) > 28000 × 15% = 4200(m^3)；超出部分为：10000 − 4200 = 5800(m^3)

土方工程总费用为：(28000 + 4200) × 18 + 5800 × 15 = 66.66(万元)

第四章

公路工程施工招标与投标管理

知识体系

1. 施工招标的原则、程序与基本条件；
2. 施工招标资格预审及招标方式的选择；
3. 投标报价策略的选择与运用；
4. 评标方法及有关注意事项。

案例1

背景材料

某项工程建设项目，业主委托某监理单位进行施工阶段（包括施工招标）监理。

该项工程邀请甲、乙、丙三家施工企业进行总价投标。评标采用四项指标综合评分法。四项指标及权数分别为：投标单位的业绩与信誉0.10，施工管理能力0.15，施工组织设计合理性0.25，投标报价0.50。各项指标均以100分为满分。其中，投标报价的评定方法是：

1. 计算投标企业报价的平均值：

$$\overline{C}=\frac{\sum \text{投标企业的报价}}{\text{投标企业的个数}}$$

2. 计算评标基准价格：

$$C=0.6C_0+0.4\overline{C}\text{（式中：}C_0\text{ 为项目标底价格）}$$

3. 计算投标企业报价离差：

$$X=\frac{\text{投标企业报价}-C}{C}\times 100\%$$

4. 按下式确定投标企业的投标报价得分 P：

$$P=\begin{cases}100-400|X| & (X>3\%)\\100-300|X| & (0<X\leqslant 3\%)\\100 & (X=0)\\100-100|X| & (-5\%\leqslant X<0)\\100-200|X| & (X<-5\%)\end{cases}$$

根据开标结果，已知该工程标底为5765万元。甲企业投标报价5690万元，乙企业投标报价5830万元，丙企业投标报价5712万元。

已知投标企业的其他指标得分如表4-1所示。

表4-1

得分　投标企业 评标指标项目	甲投标企业	乙投标企业	丙投标企业
业绩与信誉	92	90	85
施工管理能力	96	90	80
施工组织设计	90	92	78
报价得分			99.24

问题

1. 计算甲、乙两家投标企业的投标报价得分，并填入表4-1中。
2. 计算各投标企业的综合评分，并确定第一中标企业。

答案

1. 计算甲、乙两家投标企业的报价得分。

(1)投标企业报价的平均值为：

$$\overline{C}=\frac{5690+5830+5712}{3}=5744(\text{万元})$$

(2)评标基准价格为：

$$C=0.6\times5765+0.4\times5744=5756.6(\text{万元})$$

(3)甲、乙两家投标企业报价离差为：

$$X_{\text{甲}}=\frac{5690-5756.6}{5756.6}\times100\%=-1.16\%$$

$$X_{\text{乙}}=\frac{5830-5756.6}{5756.6}\times100\%=1.28\%$$

(4)报价得分：

$$P_{\text{甲}}=100-100\times1.16\%=98.84(\text{分})$$

$$P_{\text{乙}}=100-300\times1.28\%=96.16(\text{分})$$

(5)将计算出的报价得分填入表2-1中。

2. 计算各投标企业的综合评分。

甲企业为：$0.10\times92+0.15\times96+0.25\times90+0.5\times98.84=95.53$(分)

乙企业为：$0.10\times90+0.15\times90+0.25\times92+0.5\times96.16=93.59$(分)

丙企业为：$0.10\times85+0.15\times80+0.25\times78+0.5\times99.24=89.62$(分)

所以，第一中标企业为甲投标企业。

案例 2

背景材料

经当地主管理部门批准后，某公路工程项目的施工由业主自行组织施工公开招标，招标工作主要内容确定为：

(1)成立招标工作小组；

(2)发布招标公告；

(3)编制招标文件；

(4)编制标底；

(5)发放招标文件；

(6)组织现场踏勘和招标答疑；

(7)招标单位资格审查；

(8)接收投标文件；

(9)开标；

(10)确定中标单位；

(11)评价；

(12)签订承包合同；

(13)发出中标通知书。

现有 A、B、C、D 共 4 家经资格审查合格的施工企业参加该工程投标，与评标指标有关的数据见表 4-2。

各投资单位的报价和工期　　表 4-2

投标单位	A	B	C	D
报价(万元)	3420	3528	3600	3636
工期(天)	460	455	460	450

经招标工作小组确定的评价指标及评分方法为：

(1)报价以标底价(3600 万元)的 ±3% 以内为有效标，评分方法是：报价 -3% 为 100 分，在报价 -3% 的基础上，每上升 1% 扣 5 分。

(2)定额工期为 500 天，评分方法是：工期提前 10% 为 100 分，在此基础上每拖后 5 天扣 2 分。

(3)企业信誉和施工经验均已在资格审查时评定。

(企业信誉得分：C 单位为 100 分，A、B、D 单位均为 95 分；施工经验得分：A、B 单位为 100 分，C、D 单位为 95 分)

(4)上述四项评标指标的总权重分别为：投标报价 45%，投标工期 25%，企业信誉和施工经验均为 15%。

问题

1. 如果将上述招标工作内容的顺序作为招标工作先后顺序是否妥当？如果不妥，请确定合理的顺序。

2. 试在表4-2中填制每个投标单位各项指标得分及总得分，其中报价得分要求列出计算式，请根据总得分列出名次，并确定中标单位。

答案

1. 试题所列招标工作先后顺序不妥当，正确的顺序应为：

(1)成立招标工作小组；

(2)编制招标文件；

(3)编制标底；

(4)发布招标公告；

(5)投标单位资格审查；

(6)发放招标文件；

(7)组织现场踏勘和招标答疑；

(8)接收投标文件；

(9)开标；

(10)评标；

(11)确定中标单位；

(12)发出中标通知书；

(13)签订承包合同。

2. 计算报价得分。

(1)A单位报价降低率为：(3420－3600)÷3600＝－5%

或相对报价＝报价/标底×100%＝3420/3600×100%＝95%

超过－3%为废标。

(2)B单位报价降低率为：(3528－3600)÷3600＝－2%

或相对报价＝3528/3600×100%＝98%

或B单位报价上升率为：(3528－3600×97%)÷(3600×97%)×100%＝1%

B单位报价得95分或得94×0.45＝42.75(分)

(3)C单位报价降低率为：(3600－3600)÷3600＝0

或相对报价＝3600/3600×100%＝100%

或C单位报价上升率为：(3600－3600×97%)÷(3600×97%)×100%＝3%

C单位报价得分85分或得85×0.45＝38.25(分)

(4)D单位报价降低率为：(3636－3600)÷3600＝1%

或相对报价＝(3636－3600×97%)÷(3600×97%)×100%＝4%

D单位报价得分80分或得80×0.45＝36(分)

将各项指标及总得分填入表4-3中。

各项指标得分及总得分表 表4-3

投标单位 / 项目	A	B	C	D	总权重
投标报价(万元)	3420	3528	3600	3636	0.45
报价得分(分)	废标	95(42.75)	85(38.25)	80(36)	
投标工期(天)		455	460	450	0.25
工期得分(天)		98(24.5)	96(24)	100(25)	
企业信誉得分(分)		95(14.25)	100(15)	94(14.25)	0.15
施工经验得分(分)		100(15)	95(14.25)	95(14.25)	0.15
总得分		96.5	91.5	89.5	1
名次		1	2	3	

所以,中标单位为B单位。

案例3

背景材料

某施工公司欲在A、B两项公开招标中选择一项进行投标,对某项工程又可采取投高标或投低标两种策略。根据以往经验与统计资料,若投高标,中标的概率为0.3;若投低标,中标的概率为0.5。各方案可能出现的损益值及其概率估计如表4-4。不中标的费用损失为5000元。

投标方案风险决策数据 表4-4

方案	承包效果	可能的损益值(万元)	概率
A高	好	50	0.3
	一般	15	0.5
	差	-25	0.2
A低	好	45	0.2
	一般	15	0.6
	差	-30	0.2
B高	好	60	0.3
	一般	20	0.5
	差	-30	0.2
B低	好	50	0.3
	一般	15	0.6
	差	-15	0.1

问题

1. 试采用决策树法做出投标决策。

2. 在B工程开标大会上，除到会的投标单位的有关人员外，招标办请来了市公证处法律顾问参加大会。开标前公证处提出对投标单位的资质进行审查。在审查中，对A施工公司提出疑问，这个公司所提交的资质材料种类与份数齐全，有单位盖的公章，有项目负责人签字，可是法律顾问认为A公司投标书无效。试问上述招标程序是否正确？为什么？A施工公司的投标书是否有效？为什么？

答案

1. 如图4-1所示，投B工程低标。最终选择B低投标方案。

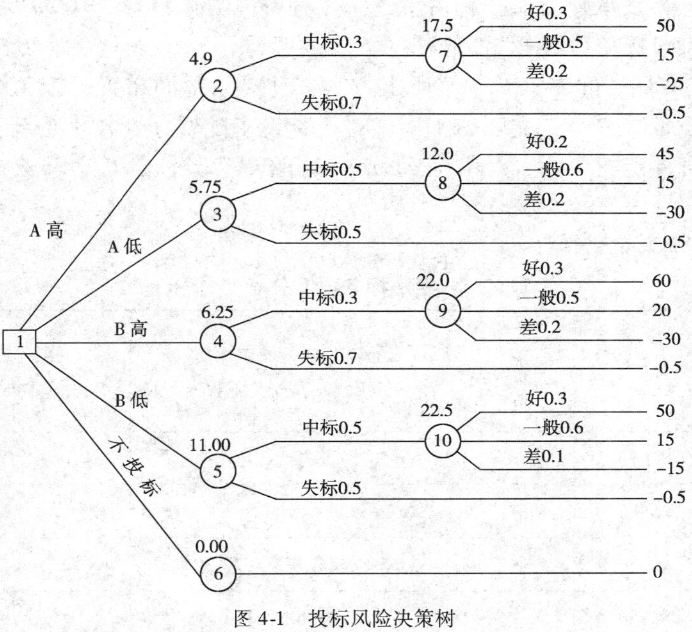

图4-1　投标风险决策树

2. 上述招标程序不正确。原因如下：

招标单位应对报名参加投标的单位进行资格预审，故在开标会议上不应再对投标单位的资格进行审查。

A施工公司的投标书无效。因为A施工公司的投标书无法定代表人或其代理人的印鉴。

案例4

背景材料

有一招标工程，经研究考察确定邀请5家具备资质等级的施工企业参加投标。各投

标企业按技术、经济标分别装订报送。经招标领导小组研究评标原则为:

(1)技术标占总分的30%。

(2)经济标占分总的70%(其中报价占30%,工期占20%,企业信誉占10%,施工经验占10%)。

(3)各单项评分满分均为100分,计算中小数点后取一位。

(4)报价评分原则是:以标底的1±3%范围之内为有效标,超过该范围的认为废标,报价低于标底3%的为100分,标价每上升1%扣10分。

(5)工期评分原则是:以定额工期为准,提前15%为100分,每延后5%加10分,超过规定工期为废标。

(6)企业信誉评分原则是:以企业近三年工程优良率为准,100%为满分。如有国家级获奖工程,每项加20分,如有省市奖优良工程每项加10分;项目班子施工经验评分原则是以近三年来承建类似工程占承建总工程的百分比计算,100%为100分。

下面是5家投标单位投标报表情况:

(1)技术方案标:经专家对各家所报方案,针对总平面布置,施工组织,施工技术方法及工期、质量、安全、文明施工措施,机具设备配置,新技术、新工艺、新材料推广应用等项综合评定打分为:A单位95分;B单位87分;C单位93分;D单位85分;E单位95分。

(2)经济标各项投标见表4-5。

经济标各项汇总表 表4-5

项目投标单位	报价(万元)	工期(月)	企业信誉近三年优良工程率及获奖工程	项目班子施工经验(承建类似工程百分比)
A	5970	36	50%,获省优工程一项	30%
B	5880	37	40%	30%
C	5850	34	55%,获鲁班奖工程一项	40%
D	6150	38	40%	50%
E	6090	35	50%	20%
标底	6000	40		

问题

试对各投标单位按评标原则进行评分,以最高分为中标单位,确定中标单位。

答案

1. 计算各投标单位相对报价及得分,见表4-6。

各投标单位相对报价及得分表　　表 4-6

项目＼投标单位	A	B	C	D	E
标底	6000	6000	6000	6000	6000
报价	5970	5880	5850	6150	6090
相对报价	99.5%	98%	97.5%	102.5%	101.5%
得分	75	90	95	45	55

2. 计算各投标单位工期提前率及得分，见表 4-7。

各投标单位工期提前率及得分表　　表 4-7

投标单位	A	B	C	D	E
定额工期(月)	40	40	40	40	40
投标工期(月)	36	37	34	38	35
工期提前率	10%	7.5%	15%	5%	12.5%
得分	90	85	100	80	95

3. 计算各投标单位企业信誉得分，见表 4-8。

各投标单位企业信誉得分表　　表 4-8

项目＼投标单位	A	B	C	D	E
工期保障及获奖	50%，省优项	40%	55%，鲁班奖项	40%	50%
得分	60	40	75	40	50

4. 计算各投标单位各项得分及总分，见表 4-9。

各投标单位各项得分及总分表　　表 4-9

投标单位	A	B	C	D	E
技术标综合得分	28.5	26.1	27.9	25.5	24
报价综合得分	22.5	27	28.5	13.5	16.5
工期综合评分	18	17	20	16	19
企业信誉综合评分	6	4	7.5	4	5
施工经验综合评分	3	3	4	5	2
综合评分	78	77.1	87.9	64	66.5

5. 因为 C 单位综合评分得分最高，故 C 单位中标。

案例 5

背景材料

某工业项目生产工艺较为复杂，且安装工程投资约占项目总投资的 70%。该项目业主对承包方式有倾向性意见，在招标文件中对技术标的评标标准特设“承包方式”一项指标，并规定：若由安装专业公司和土建专业公司组成联合体投标，得 10 分；若由安装专业公司作总包，土建专业公司作分包，得 7 分；若由安装公司独立投标，且全部工程均自己施工，得 4 分。

某安装公司决定参与该项目投标。经分析，其他条件（如报价、工期等）相同的情况下，上述评标标准的 3 种承包方式中的中标概率分别为 0.6、0.5、0.4；另经分析，3 种承包方式的承包效果、概率和盈利情况见表 4-10，不中标的费用损失为 5 万元。

各种承包方式的效果、概率及盈利情况表　　表 4-10

承包方式	效果	概率	盈利(万元)
联合体承包	好	0.3	150
	中	0.4	100
	差	0.3	50
总分包	好	0.5	200
	中	0.3	150
	差	0.2	100
独立承包	好	0.2	300
	中	0.5	150
	差	0.3	-50

问题

1. 投标人应当具备哪些条件？
2. 请运用决策树方法决定采用何种承包方式投标。

注：各机会点的期望值应列式计算，计算结果取整数。

答案

1. 投标人应具备的条件是：

（1）应当具备承担招标项目的能力；

（2）应当符合招标文件规定的资格。

2. 运用决策树方法决定承包方式投标：

（1）画出决策树（图 4-2），标明各方案的概率和盈利值。

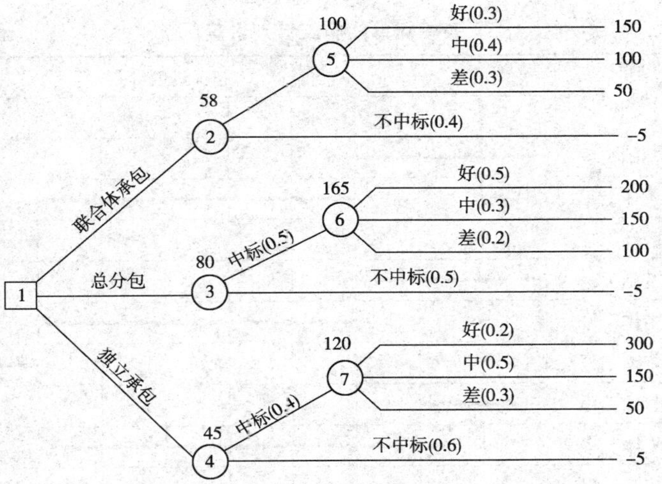

图 4-2 决策树

(2)计算图中各机会点的期望值：

点⑤：$150 \times 0.3 + 100 \times 0.4 + 50 \times 0.3 = 100$(万元)

点②：$100 \times 0.6 + (-5) \times 0.4 = 58$(万元)

点⑥：$200 \times 0.5 + 150 \times 0.3 + 100 \times 0.2 = 165$(万元)

点③：$165 \times 0.5 - 5 \times 0.5 = 80$(万元)

点⑦：$300 \times 0.2 + 150 \times 0.5 - 50 \times 0.3 = 120$(万元)

点④：$120 \times 0.4 - 5 \times 0.6 = 45$(万元)

(3)选择最优方案

因为③期望值最大，所以应以安装公司总包、土建公司分包的承包方式投标。

案例 6

背景材料

某工程项目业主邀请了三家施工单位参加投标竞争。各投标单位的报价见表 4-11，施工进度计划安排见表 4-12。若以工程开工日期为折现点，贷款月利率为 1%，并假设各分部工程每月完成的工作量相等，并且能按月及时收到工程款。

各单位投标报价汇总表　　表 4-11

项目 / 报价 / 投标单位	基础工程	主体工程	装饰工程	总报价
甲	270	950	90	2120
乙	210	840	1080	2130
丙	210	840	1080	2130

各投标单位施工计划进度图 表 4-12

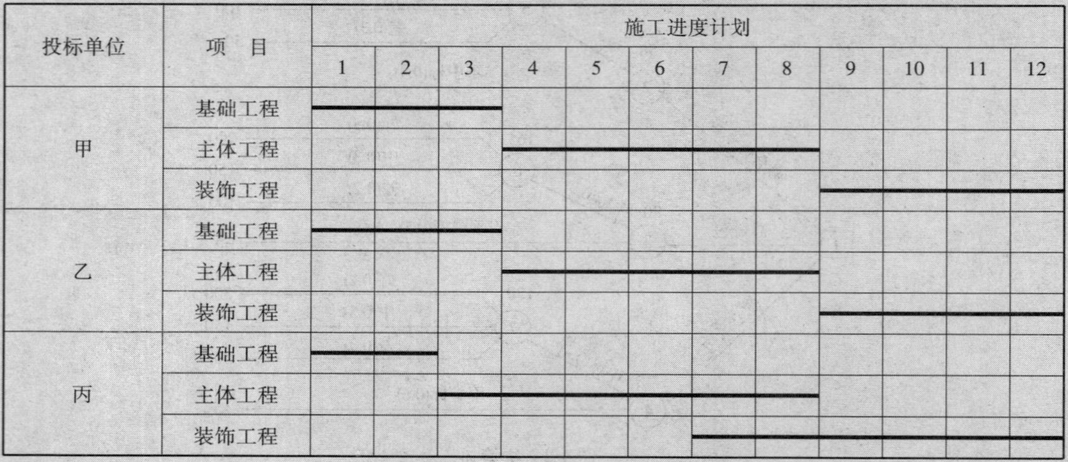

问题

1. 就甲、乙两家投标单位而言，若不考虑资金的时间价值，判断并简要分析业主应优先选择哪家投标单位。

2. 就乙、丙两家投标单位而言，若考虑资金时间价值，判断并简要分析业主应优先选择哪家投标单位(注：现值系数见表 4-14)。

3. 评标委员会对甲、乙、丙三家投标单位的技术标评审结果见表 4-13。评标办法规定各投标单位报价比标底价每下降 1%，扣 1 分，最多加 10 分；报价比标底每增加 1%，扣 2 分，扣分不保底。报价与标底价差额在 1% 以内时可按比例平均扣减。评标时不考虑资金的时间价值，设标底价为 2125 万元，根据得分最高者中标的原则，试确定中标单位。

各投标单位投标评审表 表 4-13

项　目	权　重	评审分		
		甲	乙	丙
业绩、信誉管理水平、施工组织设计	0.4	98.7	98.85	98.8
投标报价	0.6			

现值系数表 表 4-14

N	2	3	4	5	6	7	8
$(P/A,1\%,n)$	1.9704	2.9410	3.9020	4.8534	5.7955	6.7282	7.6517
$(P/F,1\%,n)$	0.9803	0.9706	0.9610	0.9515	0.9420	0.9327	0.9235

答案

1. 若不考虑资金的时间价值，业主应优先选择甲投标单位。

因为在相同的施工进度计划安排下，甲投标单位的总报价低。

2. 因乙投标单位工程款现值较低,故业主应优先选择乙投标单位。

(1)乙投标单位工程款:

基础工程每月工程款:$A_1 = 210/3 = 70$(万元)

主体工程每月工程款:$A_2 = 840/5 = 168$(万元)

装饰工程每月工程款:$A_3 = 1080/4 = 270$(万元)

(2)乙投标单位工程款现值:

$PV_{乙} = 70(P/A,1\%,3) + 168(P/A,1\%,5)(P/F,1\%,3) + 270(P/A,1\%,4)(P/F,1\%,8)$

或 $70 \times 2.9410 + 168 \times 4.8534 \times 0.9706 + 270 \times 3.902 \times 0.9235 = 1970.21$(万元)

(3)丙投标单位工程款:

基础工程每月工程款:$A_1 = 210/2 = 105$(万元)

主体工程每月工程款:$A_2 = 840/6 = 140$(万元)

装饰工程每月工程款:$A_3 = 1080/6 = 180$(万元)

(4)丙投标单位工程款现值:

$PV_{丙} = 105(P/A,1\%,2) + 140(P/A,1\%,4)(P/F,1\%,2)9 + (140 + 180)$
$(P/A,1\%,2)(P/F,1\%,6) + 180(P/A,1\%,8)$

或 $105 \times 1.9704 + 140 \times 3.9020 \times 0.9803 + 320 \times 1.9704 \times 0.9420 + 180 \times 3.9020 \times 0.9235$
$= 1985$(万元)

因此,业主应优选择乙投标单位。

3. 确定中标单位的步骤如下:

(1)计算各投标单位报价得分,见表 4-15。

各投标单位报价得分表　　表 4-15

投标单位	总报价	报价与基准价比例(%)	扣分	得分
甲	2120	99.76	0.24	99.76
乙	2130	100.24	0.48	99.52
丙	2130	100.24	0.48	99.52

计算过程:

甲:2120 - 2125 = -5(万元)

下降百分数:5/2125 = 0.24%

扣分:0.24

得分:99.76

乙:2130 - 2125 = 5(万元)

增加百分数:5/2125 = 0.24%

扣分:0.48

得分:99.52

丙:2130 - 2125 = 5(万元)

增加百分数:5/2125 = 0.24%

扣分:0.48

得分:99.52

(2)计算各投标单位综合得分。

甲:98.7×0.4+99.76×0.6=99.34

乙:98.85×0.4+99.52×0.6=99.25

丙:98.8×0.4+99.52×0.6=99.23

(3)故应选甲投标单位中标。

案例7

背景材料

某工程项目采用的是预制钢筋混凝土管桩基础。业主委托某监理单位承担该工程项目施工招标及施工阶段的监理任务。因该工程涉及土建施工、沉桩施工和管桩预制工作,业主对工程发包提出了两种方案:一种是采用平行发包模式,即土建、沉桩、管桩制作进行分别发包;另一种是采用总分包模式,即由土建施工单位总承包,沉桩施工及管桩制作列入总承包范围再进行分包。

问题

1. 施工招标阶段,监理单位的主要工作内容有哪些?

2. 如果采取施工总分包模式,监理工程师应从哪些方面对分包单位进行管理?其主要手段是什么?

3. 在上述两种发包模式下,对管桩生产企业的资质考核应在何时进行?考核的主要内容是什么?

4. 在平行发包模式下,沉桩施工单位对管桩运抵施工现场是否视为"甲供构件"?为什么?如何组织检查验收?

5. 如果现场检查出管桩不合格或管桩生产企业延期供货,对正常施工进度造成影响,试分析上述两种发包模式下,可能会出现哪些主体之间的索赔?

答案

1. 施工招标阶段,监理单位的主要工作内容有:

(1)协助业主编制施工招标文件;

(2)协助业主编制标底;

(3)发布招标通知;

(4)对投标人的资格预审;

(5)组织标前会议;

(6)现场考察;

(7)组织开标、评标、定标;

(8)协助业主签约。

2. 若采取施工总分包模式，监理工程师对分包单位管理的主要内容为：

(1)审查分包人资格；

(2)要求分包人参加相关施工会议；

(3)检查分包人的施工设备、人员；

(4)检查分包人的工程施工材料、作业质量。

监理工程师对分包单位采取的主要手段为：

(1)对分包人违反合同、规范要求的行为，可指令总承包人停止分包人施工；

(2)对质量不合格的工程拒签与之有关的支付；

(3)建议总承包人撤换分包单位。

3. 如采用平行发包时，应在招标阶段组织对管桩生产企业的资质考核；如采用总分包时，应在分包合同签订前考核。

考核的主要内容有：

(1)人员素质；

(2)资质等级；

(3)技术装备；

(4)业绩；

(5)信誉；

(6)有无生产许可证；

(7)质量保证体系；

(8)生产能力。

4. 对管桩运抵施工现场，沉桩施工单位可视为"甲供构件"。

因为沉桩单位与管桩生产企业无合同关系。应由监理工程师组织，沉桩单位参加共同检查管桩质量、数量是否符合合同要求。

5. 两种发包模式下可能出现的索赔如下。

(1)平行发包模式：

①沉桩单位向业主索赔；

②土建施工单位向业主索赔；

③业主向管桩生产企业索赔。

(2)总分包模式：

①业主向土建施工(或总包)单位索赔；

②土建施工(或总包)单位向管桩生产企业索赔；

③沉桩单位向土建单位(或总包)索赔。

案例8

背景材料

某工程建设项目，其初步设计已完成，其建设用地和筹资也已落实。某监理公司受业主委托承担了该项目的施工招标和施工阶段的监理任务,并签订了监理合同。业主准备采用公开招标的方式优选承包商。

监理工程师提出了如下招标程序:

1. 招标单位向政府和计划部门提出招标申请;

2. 编制工程标底,提交设计单位审核(标底为4000万元);

3. 编制招标有关文件;

4. 对承包商进行资格后审;

5. 发布投标邀请函;

6. 召开标前会议,对每个承包商提出的问题单独做出回答;

7. 开标;

8. 评标,根据需要与承包商对投标文件中的某些内容进行协商,对工期和报价协商后的变动作为投标文件的补充部分;

9. 监理工程师确定中标单位;

10. 业主与中标的承包商进行合同谈判和签订施工合同;

11. 发出中标通知书,并退还所有投标承包商的投标保证金。

监理工程师准备用综合评分法进行评标,在评标中重点考虑标价、工期、社会信誉、施工经验四方面因素,各项因素的权重分别为0.4、0.3、0.2、0.1。现有甲、乙、丙、丁、戊、己六个承包商投标,根据各单位投标书的情况及各因素,将得分情况列于表4-16中。

各投标单位得分情况表 表4-16

投标者	投标书情况	标价得分	工期得分	社会信誉得分	施工经验得分
甲	符合要求	90	80	90	70
乙	标书未密封	95	90	80	80
丙	符合要求	95	95	90	60
丁	缺少施工方案	80	95	95	70
戊	符合要求	80	80	90	90
己	符合要求	95	70	70	90

在投标中,各承包商均提出了对业主的优惠条件,各单位优惠条件如下表4-17所示。

各单位优惠条件表 表4-17

投标者	对业主的优惠条件
甲、乙、丙	竣工6个月后开始,每过1个季度支付工程款一次,4次付清
丁、戊、己	竣工1年后开始,每过2个月付款一次,5次付清

问题

1. 对上述招标程序内容进行改错和补充遗漏，并列出正确的顺序。
2. 判定各承包商投标书是否有效，并按综合评分法选择中标承包商。
3. 哪个承包商对业主的条件最优惠？

答案

1. 招标程序的内容及正确的顺序应为：
(1)投标资料与备案；
(2)确定招标方式；
(3)发布(送)招标公告或投标邀请书；
(4)编制、发放资格预审文件和递交资格预审申请书；
(5)资料预审，确定合格的投标申请人；
(6)编制、发出招标文件；
(7)踏勘现场；
(8)答疑；
(9)编制、送达与签收投标文件；
(10)开标；
(11)组建评标委员会；
(12)评标；
(13)招标投标情况书面报告及备案；
(14)发出中标通知书；
(15)签署合同。

2. 对各承包商投标书有效与否的判定。
(1)承包商投标书有效性判定：
甲、丙、戊、己投标书符合要求，为有效投标书。乙、丁投标书不符合规定的要求，应作为废标。
(2)对甲、丙、戊、己四个承包商的投标，按综合评分法评分和选择中标人。
甲的综合得分 $=90\times0.4+80\times0.3+90\times0.2+70\times0.1=85$
丙的综合得分 $=95\times0.4+95\times0.3+90\times0.2+60\times0.1=90.5$
戊的综合得分 $=80\times0.4+80\times0.3+90\times0.2+90\times0.1=83$
己的综合得分 $=95\times0.4+70\times0.3+70\times0.2+90\times0.1=82$

3. 判定各承包商给予业主优惠条件的最优者：
此问题涉及支付资金的经济使用问题，应通过对支付工程款按时间折现值(以竣工时间为折现基准时间)的途径进行比较，若折现率按3%计，则：

$$\begin{aligned}\text{甲、乙、丙的标价现值} &= 1000\times(1+3\%)^{-9}+1000\times(1+3\%)^{-12}+1000\times(1+3\%)^{-15}\\ &\quad +1000\times(1+3\%)^{-18}\\ &= 2748(\text{万元})\end{aligned}$$

丁、戊、己的标价现值 $=800\times(1+3\%)^{-14}+800\times(1+3\%)^{-16}+800\times(1+3\%)^{-18}$
$+800\times(1+3\%)^{-20}+800\times(1+3\%)^{-22}$
$=2940$（万元）

所以，甲、乙、丙的条件对业主最优惠。

案例 9

背景材料

某大型钢筋混凝土工程项目，质量要求达到国家优良标准。该项目所在地的地质条件良好，现场已完成三通一平工作，施工图纸已齐备，满足开工条件。业主已落实自筹的建设资金，并与某监理公司签订了委托施工招标和施工阶段监理合同。

问题

1. 你作为监理工程师，应向业主推荐哪种招标方式？为什么？

2. 根据该工程的具体条件，在总价合同、单价合同、成本加酬金合同形式中，监理工程师宜向业主推荐采用哪种合同形式？为什么？

3. 根据该工程的具体情况，在监理工程师为业主编制的招标文件中，应包含哪些基本内容？

答案

1. 推荐采取公开招标方式。因为该工程的规模大、投资大、质量要求高，采取公开招标方式可能有利于保证工程质量和进度以及降低投资。

2. 推荐采用单价合同。这样有利于降低投标报价的合同价格，并且由于国内物价稳定，价格调整可能不多，便于逐项控制投资。

3. 招标文件中一般应包括：

（1）工程概况；

（2）工程范围；

（3）工程承包方式；

（4）材料及设备供应方式；

（5）工程质量要求及保修期；

（6）工程价款与结算方式；

（7）建设工期；

（8）奖励与罚款；

（9）设计图纸与规范；

（10）投标者须知。

案例 10

背景材料

某工程项目，在初步设计文件完成后，业主与某监理公司签发了该工程的施工招标和施工阶段委托监理合同。在施工招标前，监理单位编制了招标过程中可能涉及的各种招标有关文件。

问题

1. 在招标准备阶段，应编制和准备好招标过程中可能涉及的有关文件，这些文件主要包括哪几方面的内容？

2. 已通过资格审查的承包商，在收到业主方发出的投标邀请函后，可以按指定的地点和时间购买招标文件，以便据以编标。施工招标前监理单位编制的招标文件由以下主要内容组成：

(1)工程综合说明；

(2)设计图纸和技术说明；

(3)工程量清单；

(4)施工方案；

(5)主要设备及材料供应方式；

(6)保证工程质量、进度、安全的主要技术组织措施；

(7)特殊工程的施工要求；

(8)施工项目管理机构；

(9)合同条件。

上述施工招标文件内容中哪几项不正确？为什么？除上述内容外，还应当包括哪些内容？

答案

1. 在招标阶段，编制好招标过程可能涉及的有关文件包括：

(1)招标公告/广告；

(2)资格预审文件；

(3)招标文件；

(4)合同协议书；

(5)资格预审和评标方法；

(6)编制标底的有关文件等。

其中，招标文件包括投标须知、合同条件、技术规范、设计图纸和技术资料、工程量清单等几大部分，以及投标书等其他文件。

2. 第(4)、(6)、(8)项不正确。

因为第(4)、(6)、(8)项应当是投标单位编制的投标文件的内容，而不是招标文件内容。

除上述第(1)、(2)、(3)、(5)、(7)、(9)项外，在投标文件中尚应包括：投标须知、技术规范和规程、标准以及投标书(标函)格式及其附件、各种保函或保证书格式等。

案例 11

背景材料

某工程项目确定采用邀请招标的方式，监理单位在招标前经测算确定该工程标底为4000万元，定额工期为40个月，经研究、考察确定邀请4家具备承包该工程项目相应资质等级的施工企业参加投标。招标小组研究确定采用如下综合评分法评标的原则。

1. 评价的项目中各项评分的权重分别为：报价占40%，工期占20%，施工组织设计占20%，企业信誉占10%，施工经验占10%。

2. 各单项评分时，满分均按100分计，计算分数值时取小数点后一位数。

3. “报价”项的评分原则是：以标底±5%(标底)值为合理报价，超过此范围则认为是不合理报价。计分是以标底标价为100分，标价每偏差-1%扣10分，偏差+1%扣15分。

4. “工期”项的评分原则是：以额定工期为准，提前15%为满分100分，依此每延后5%扣10分，超过额定工期者被淘汰。

5. “企业信誉”项的评分原则是：以企业近3年工程优良率为准，优良率100%为满分100分，90%为90分，以此类推。

6. “施工经验”项的评分原则是：按企业近3年承建类似工程与全部承建工程项目的百分比计，100%为满分100分。

7. “施工组织设计”由专家评分决定。

经审查，四家投标的施工企业的上述5项指标汇总如表4-18所示。

投标的施工企业各项指标汇总表　　表4-18

投标单位	报价(万元)	工期(月)	近3年工程优良率(%)	近3年承建类似工程(%)	施工组织设计的专家打分
A	3960	36	50	30	95
B	4040	37	40	30	87
C	3920	34	55	40	93
D	4080	38	40	50	85

问题

1. 根据上述分原则和各投标单位情况，对各投标单位的各评价项目推算出各项指标的应得分。

2. 按综合评分法确定各投标单位的综合分数值。

3. 优选出综合条件最好的投标单位作为中标单位。

知识要点

用综合评分法评标，可参考合同管理教材中评标的综合评分法，并根据题示的具体评分标准评分。

答案

1. 根据评分原则，确定各企业各项评价指标的应得分。

(1)“报价”得分：

施工企业A：偏离标底值 $\Delta_1=\frac{报价-标底}{标底}=\frac{3960-4000}{4000}=\frac{-40}{4000}=-1\%$，应得分为100－10＝90分；

施工企业B：偏离标底值 $\Delta_1=\frac{4040-4000}{4000}=\frac{40}{4000}=+1\%$，应得分为100－15＝85分；

施工企业C：偏离标底值 $\Delta_1=\frac{3920-4000}{4000}=\frac{-80}{4000}=-2\%$，应得分为100－20＝80分；

施工企业D：偏离标底值 $\Delta_1=\frac{4080-4000}{4000}=\frac{80}{4000}=+2\%$，应得分为100－30＝70分。

(2)计算“工期”得分。

施工企业A：偏离额定工期 $\Delta_2=\frac{额定工期-投标工期}{额定工期}=\frac{40-36}{40}=10\%$，比15%延后5%，得分为100－10＝90分；

施工企业B：偏离额定工期 $\Delta_2=\frac{40-37}{40}=\frac{3}{40}=7.5\%$，比15%延后7.5%，得分为100－15＝85分；

施工企业C：偏离额定工期 $\Delta_2=\frac{40-34}{40}=\frac{6}{40}=15\%$，与满分标准相同，得分为100－0＝100分；

施工企业D：偏离额定工期 $\Delta_2=\frac{40-38}{40}=\frac{2}{40}=5\%$，比15%延后10%，得分为100－20＝80分。

(3)计算“企业信誉”得分。

当企业近3年的工程优良率为$N\%$，则企业的信誉得分为N分，因此各企业的“企业信誉”得分见表4-19。

施工企业信誉得分表　　表4-19

企业	A	B	C	D
“企业信誉”得分	50	40	55	40

(4)计算“施工经验”得分。

若近3年企业承建与本工程项目类似的工程占全部工程总数比例为$M\%$，则得分为M，各企业的“施工经验”得分见表4-20。

施工企业施工经验得分表 表4-20

企业	A	B	C	D
“施工经验”得分	30	30	40	50

2. 按综合评分法确定各投标的企业所获的加权综合评分计算如表4-21（或不列表计算也可）。

3. 根据表4-21的计算，选出综合分值最高的企业为中标单位，即企业A。

施工企业加权综合评分计算表 表4-21

序号	各项加权得分计算式	企业A	企业B	企业C	企业D
(1)	“报价”得分×权重40%	90×0.4=36	85×0.4=34	80×0.4=32	70×0.4=28
(2)	“工期”得分×权重20%	90×0.2=18	85×0.2=17	100×0.2=20	80×0.2=16
(3)	“信誉”得分×权重10%	50×0.1=5	40×0.1=4	50×0.1=5.5	40×0.1=4
(4)	“施工经验”得分×权重20%	30×0.1=3	30×0.1=3	40×0.1=4	50×0.1=5
(5)	“施工组织设计”得分×权重20%	95×0.2=19	87×0.2=17.4	93×0.2=18.6	85×0.2=17
(6)	评标综合得分	Σ=81	Σ=75.4	Σ=80.1	Σ=70

案例12

背景材料

某工程项目，已完成施工招标前的各项准备工作，某监理单位受业主委托制订了评标方法与原则。确定评标采用加权综合评分法，评分的方法及原则如下。

1. 加权综合评分从以下三方面加以评价，并根据工程特点和具体情况分析赋予不同的权重。

(1)“投标报价”占50%；

(2)“施工企业的业绩和信誉”占30%；

(3)“企业的施工及管理能力”占20%。

2. “投标报价”方面的评分按满分100分计。具体评分时从以下三方面评价，并各占不同权重的分值。

(1)报价偏差——满分为60分（即占60%权重），根据投标人所报价与标底（本工程项目标底为1000万元）的偏差的正、负和大小按表4-22所列标准打分。

报价偏差得分计算表 表 4-22

报价偏差(%)	-(3~5)	-(2~1)	+(2~1)	+(3~5)
得分	40	60	50	30

(2)报价费用组成的合理性——满分为30分(即占30%权重)。

(3)三材用量的合理性——满分为10分(即占10%权重)。

3."企业的业绩与信誉"方面的评价按满分100分计,具体评分时按以下五个方面分别评价,其各自占有的权重如表4-23所示。

企业业绩与信誉评价表 表 4-23

评价项目	资质等级	企业信誉	施工经历	近5年的质量回访	近3年工程质量、安全事故	合 计
权重(或满分)	30%(30分)	20%(20分)	20%(20分)	15%(15分)	15%(15分)	100%(100分)

4."企业的施工与管理能力"方面的评分按满分100分计,具体评分时按以下三个方面分别评价,其各自占有的权重如表4-24所示。

企业施工与管理能力评价表 表 4-24

评 价 项 目	对施工机械、劳动的安排	安全管理	质量体系	合 计
权重(或满分)	50%(50分)	30%(30分)	20%(20分)	100%(100分)

发布施工招标的公告后,共有14家施工企业申请投标,经过资格预审,有5家企业未通过资格审查,故只有9家施工企业参加投标。另外,在投标的9家企业中,有3家在开标及评标时被发现其投标文件不符合要求而被撤销投标资格,最后只剩下6家施工企业的标书参与评标。这6家企业的报价如表4-25所示。

施工企业报价汇总表 表 4-25

施工企业	A	B	C	D	E	F
报价(万元)	1020	980	1010	960	1050	950

5.加权综合评价的满分为100分,三个方面的满分也均为100分,三个方面的最低合计分均不得低于60分。

问题

1.请根据各企业的报价,对各企业的"报价偏差"项进行评分。

2.评标组根据各企业投标情况及企业情况,对各个评价项目进行评定打分的结果如表4-26所示。请按综合评分法对各投标企业进行综合加权评分,算出各家企业的综合得分。

3.根据各家企业得分情况确定中标者。

施工企业投标报价评分表　　表 4-26

评分项目 / 企业	业绩与信誉评分					施工与管理能力评分			投标报价评分		
	资质等级	信誉	施工经历	质量回访	质量安全事故	质量体系	机械、劳力安排	安全	费用组成	三材用量	报价偏差
A	30	18	17	15	15	15	40	25	25	8	
B	20	10	10	10	12	15	36	20	20	8	
C	30	18	17	15	13	20	45	25	20	9	
D	25	20	10	15	15	18	43	24	25	8	
E	30	20	15	14	13	18	45	27	20	8	
F	25	20	10	10	12	16	40	24	20	7	

答案

1. 对各家企业报价的"报价偏差"项进行评分，如表 4-27 所示。

施工企业报价偏差表　　表 4-27

序号	施工企业	A	B	C	D	E	F
①	报价(万元)	1020	980	1010	960	1050	950
②	(报价)-(标底)	+20	-20	+10	-40	+50	-50
③	报价偏差(%)(②/1000)	+2%	-2%	+1%	-4%	+5%	-5%
④	得　分	50	60	50	40	30	40

2. 对各家企业的投标进行综合评分。

(1)对业绩与信誉方面的综合评分，从表 4-26 可知：

A 得分 = 30 + 18 + 17 + 15 + 15 = 95 分；

B 得分 = 20 + 10 + 10 + 10 + 12 = 62 分；

C 得分 = 30 + 18 + 17 + 15 + 13 = 93 分；

D 得分 = 25 + 20 + 10 + 15 + 15 = 85 分；

E 得分 = 30 + 20 + 15 + 14 + 13 = 92 分；

F 得分 = 25 + 20 + 10 + 10 + 12 = 77 分。

(2)对施工管理能力方面的综合评分，从表 4-26 可知：

A 得分 = 15 + 40 + 25 = 80 分；

B 得分 = 15 + 36 + 20 = 71 分；

C 得分 = 20 + 45 + 25 = 90 分；

D 得分 = 18 + 43 + 24 = 85 分；

E 得分 = 18 + 45 + 27 = 90 分；

F 得分 = 16 + 40 + 24 = 80 分。

(3)对投标报价方面的综合评分,从表4-26及报价偏差计算结果可知:

A得分=25+8+50=83分;

B得分=20+8+60=88分;

C得分=20+9+50=79分;

D得分=25+8+40=73分;

E得分=20+8+30=58分;

F得分=20+7+40=67分。

各家企业的综合评分如表4-28所示。

施工企业综合评分表　　表4-28

企业	A	B	C	D	F
综合总评分=0.3(1)+0.2(2)+0.5(3)	86	76.8	85.4	79.0	72.6

3. 根据综合总评结果,应选取施工企业A为中标者。

第五章 公路工程项目合同管理与索赔

知识体系

1. 施工合同的类型及选择；
2. 施工合同的主要条款；
3. 工程变更价款的确定与处理；
4. 施工索赔的内容与程序；
5. 施工索赔成立的条件；
6. 索赔文件内容的构成；
7. 索赔费用及工期的计算；
8. 合同当事人双方的权利、义务；
9. 施工合同的订立；
10. 施工各阶段的合同管理。

案例1

背景材料

某高速公路建设工程，由建设单位采购的特种水泥（防水工程用）和特种钢材（钢结构工程用）的供应均很紧张。为此，建设单位的有关部门正在外地联系这两种建筑材料的货源。由于运输能力等条件的限制，明年施工时只能保证这两种建筑材料中的一种得到供应。在此情况下，如果特种水泥得到保证，则防水工程的投资为25万元；否则，将亏损5万元。如果特种钢材的供应能得到保证，则钢结构工程的投资为40万元；否则，将亏损15万元。根据所掌握的情报资料，预计明年得到特种水泥保证供应的概率为0.4，得到特种钢材保证供应的概率为0.6。

问题

1. 风险损失衡量的含义是什么？建设工程风险损失包括哪些方面？上述风险属于哪一种？

2. 在风险管理中，风险管理目标确定的基本要求是什么？

3. 对上述风险问题，监理工程师可以进行哪些工作？

答案

1. 风险损失衡量的含义是：

(1)风险损失的衡量就是定量确定风险损失值的大小。

(2)建设工程风险损失包括：投资风险、进度风险、质量风险和安全风险。

(3)该工程风险损失属于投资风险。

2. 风险管理目标的确定一般要满足下列基本要求：

(1)风险管理目标与风险管理主体总体目标的一致性；

(2)目标的现实性；

(3)目标的明确性；

(4)目标的层次性。

3. 在风险管理中，监理工程师可进行以下几方面的工作：

(1)风险识别。影响建设工程目标实现的风险事件是两种建筑材料供应紧张，可能引起工程停工而造成投资损失。

(2)风险评价。将建设工程风险事件的发生可能性和损失的后果进行量化，确定各种风险事件发生的概率及其对建设工程目标影响的严重程度。

根据掌握的情报资料，预计明年特种水泥得到保证供应的概率为0.4，特种钢材得到保证的概率为0.6。绘制决策树图(图5-1)：

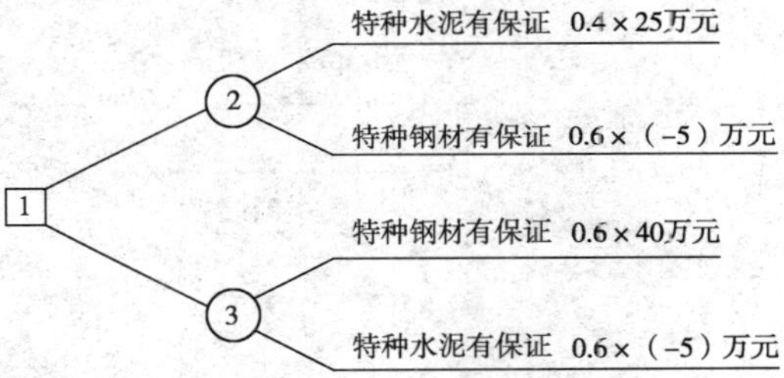

图5-1　决策树图

计算各点的期望值；

点②：$0.6\times(-5)+0.4\times25=7$(万元)

点③：$0.6\times40+0.4\times(-5)=22$(万元)

上述概率是预计出现的。在自然状态下，其概率各为0.5。经计算，其期望值为：

点②：$0.5\times(-5)+0.5\times25=10$(万元)

点③：$0.5\times40+0.5\times(-5)=17.5$(万元)

若明年特种钢材有保证的概率由0.5变为0.4；特种水泥由0.5上升到0.6，此时对方案的选择会产生什么影响呢？经计算，其期望值为：

点②：$0.4\times(-5)+0.6\times25=13$(万元)

点③：$0.4\times40+0.6\times(-5)=13$(万元)

为了计算特种钢材供应有保证的概率，其变化到什么数值时对方案的选择产生显著影响，可利用求转折概率的方法来计算这一数值。

设P代表特种钢材有保证的概率，$(P-1)$代表特种水泥有保证的概率，计算两个方案的期望值，并使之相等，可得。

$$P\times(-5)+(1-P)\times25=P\times40+(1-P)\times(-15)$$

解得　$P=0.47$

$P=0.47$称转折概率，当特种钢材供应有保证的概率$P>0.47$时，选择钢结构工程为最优方案；当$P<0.47$时，选防水工程为最优方案。

(3)向业主提供风险决策对策建议：

当特种钢材供应有保证的概率为0.6时，其期望值大于特种水泥有保证概率0.4时的期望值。此时可选前者为最优方案。

当特种钢材供应概率小于0.47时，其期望值变化大于特种水泥有保证概率0.5~0.6的期望值变化。从灵敏度分析，特种钢材供应有保证概率的变化对该工程有显著影响，说明该方案可靠性差。

案例2

背景材料

某工程项目业主与监理单位、施工单位分别签订了监理合同和施工合同。施工合同中规定，除空间桁架屋盖可分包给专业工程公司外，其他部分不得分包(除非业主同意)。本项目合同工期为22个月。

在工程开工前，施工单位在合同约定的日期内向总监理工程师提交了施工总时度计划(图5-2)和一份工程报告。

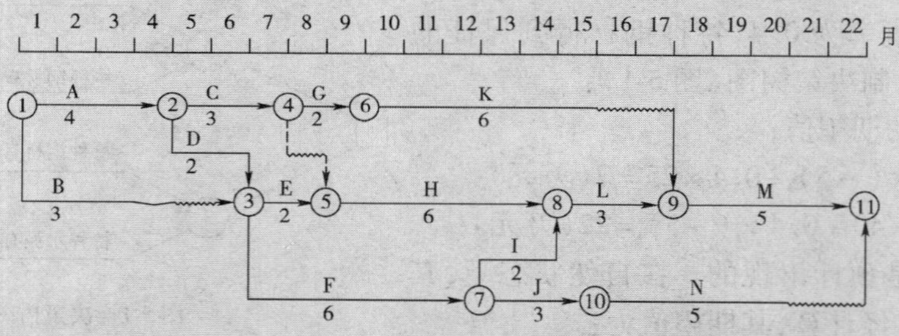

图5-2　时标网络计划图

工程报告的主要内容是：

1. 鉴于本项目需要安装专业的进口设备，需要将设备安装工程分包给专业安装公司。

2. 本项目两侧临街，且为繁华交通要道，故需在施工之前搭设遮盖式防护栅，以保证过往行人安全。此项费用未包含在投标报价中，业主应另行支付。

总监理工程师对施工单位提交的施工进度计划和工程报告进行了审核。施工单位在按总监理工程师确认的进度计划施工0.5个月后，因业主要求需要修改设计，致使工作K(混凝土工程)停工待图2.5个月。设计变更后，施工单位及时通过总监理工程师向业主提出索赔申请表，见表5-1。

索赔申请表　　表5-1

序号	内　容	数　量	费用计算(元)	备　注
1	新增混凝土工程量	300m³	300×200=60000	混凝土工程量单价200元/m³
2	混凝土搅拌机闲置补偿	60台班	60×100=6000	台班费100元/台班
3	人工窝工补偿	1800工日	1800×28=50400	工日费28元/工日

在施工过程中,部分施工机械由于运输原因未能按时进场,致使工作 H 的实际进度在第 12 月底时拖后 1 个月。

在工作 F 进行过程中,发生质量事故,总监理工程师下令停工,组织召开现场会议,分析事故原因。该质量事故是由于施工单位施工工艺不符合施工规范要求所致。总监理工程师责成施工单位返工,工作 F 的实际进度在第 12 月底时拖后 1 个月。

问题

1. 为了确保本项目工期目标的实现,施工进度计划中哪些工作应作为重点控制对象?为什么?

2. 总监理工程师应如何处理施工单位工程报告中的各项要求?

3. 施工单位在索赔申请表中所列的内容和数量,经监理工程师审查后均属真实,但存在费用计算不妥之处。请说明费用计算不妥的项目及理由。

4. 监理工程师在处理质量事故时所需的资料有哪些?

5. 请在原进度计划中用前锋线表示出第 12 月底时工作 K、H 和 F 的实际进展情况,并分析进度偏差对工程总工期的影响。

6. 如果施工单位提出工期顺延 2.5 个月的要求,总监理工程师应批准工程延期多少?为什么?

答案

1. 工作 A、D、E、H、L、M、F、I 应作为重点控制对象,因为它们是关键工作(总时差为零)。

判断关键线路方法:从时标网络计划的终点节点起逆箭头方向到网络计划起点节点的通路上,没有波形线的线路就是关键线路。从该时标网络计划上可以看出有两条关键线路,关键线路上的工作即为关键工作。

2. 总监理工程师对施工单位工作报告中的各项要求处理如下:

工作报告内容中的第 1 条分包问题,监理工程师报业主批准。如果业主同意分包,监理工程师需要审查分包商资质。如果业主不同意分包,则不得分包。

工程报告中第 3 条内容,此项费用不应由业主支付。

3. 施工单位的索赔申请表中第 2、3 项费用计算不妥。

因为设备闲置不能按台班费计算,应按折旧费、租赁费或闲置补偿计算;人工窝工不能按工日费计算,应按窝工补偿费计算。

4. 处理质量事故时所需资料如下:

(1)与工程质量事故有关的施工图;

(2)与工程施工有关的资料、记录;

(3)事故调查分析报告。

5. 前锋线如图 5-3 所示。

(1)工作 K 拖后 2.5 个月,其总时差为 2 个月,故将影响工期 0.5 个月。

(2)工作 H 拖后 1 个月,其总时差为零,故将使工期延长 1 个月。

(3)工作 F 拖后 1 个月,其总时差为零,故将使工期延长 1 个月。

综上所述,由于工作 K、H、和 F 的拖后,工期将延长 1 个月。

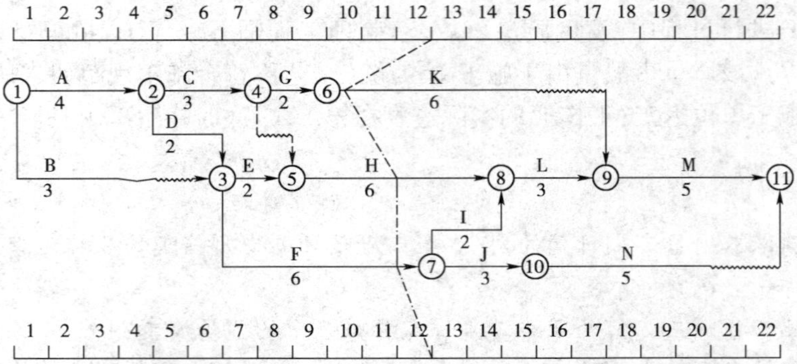

图 5-3 时标网络计划图

6. 监理工程师应批准工程延期 0.5 个月。

因为工作 H、F 的拖后均属施工单位自身的原因造成的,只有工作 K 的拖后可以考虑给予工程延期。

由于工作 K 原有总时差为 2 个月,2.5 - 2 = 0.5(月),故监理工程师应批准工程延期 0.5 个月。

案例 3

背景材料

某承包商(乙方)于某年 3 月 6 日与某业主(甲方)签订一项施工合同。在合同中规定,甲方于 3 月 14 日提供施工现场。工程开工日期为 3 月 16 日,竣工日期为 4 月 12 日,合同日历工期为 38 天。工期每提前 1 天奖励 3000 元,每拖后 1 天罚款 5000 元。乙方按时提交了施工方案和施工网络进度计划(图 5-4),并得到甲方代表的批准。

实际施工过程中发生了如下几项事件:

事件 1:因部分原有设备搬迁拖延,甲方于 3 月 17 日才提供全部场地,影响了工作 A、B 的正常作业时间,使该两项工作的作业时间均延长了 2 天,并使这两项工作分别窝工 6 个工作日和 8 个工作日,工作 C 因此受到影响。

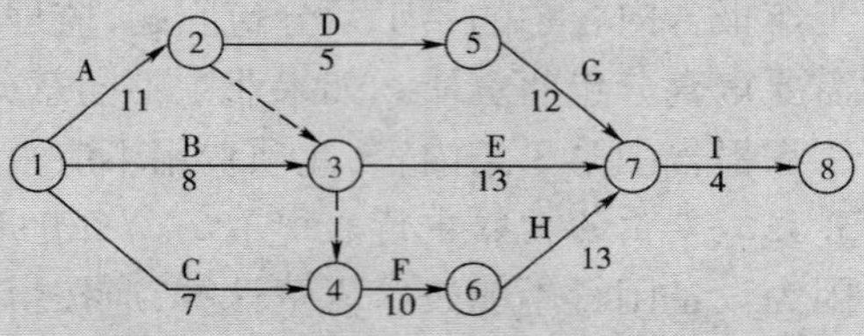

图 5-4 某工程施工网络进度计划(单位:天)

事件 2:乙方与租赁商原约定,工作 D 使用的某种机械于 3 月 27 日进场,但因运输问题推迟到 3 月 30 日才进场,造成工作 D 实际作业时间增加 1 天,多用人工 7 个工日。

事件 3:在工作 E 施工时,因设计变更,造成施工时间增加 2 天,多用人工 14 个工日,其他费用增加 1.5 万元。

事件 4:工作 F 是一项隐蔽工程,在其施工完毕后,乙方及时向甲方代表提出检查验收要求。但因甲方代表未能在规定时间到现场检查验收，承包商自行检查后进行了覆盖。事后甲方代表认为该项工作很重要，要求乙方在两个主要部位（部位a和部位b，这两个部位处于同一检查单元）进行剥离检查。检查结果为：部位a完全合格，部位b的偏差超出了规范允许范围，乙方根据甲方代表的要求扩大剥离检查范围并进行返工处理，合格后甲方代表予以签字验收。部位a的剥离和覆盖用工为6个工日，其他费用1000元；部位b的剥离、返工及覆盖用工20个工日，其他费用为1.2万元。因工作F的重新检验和返工处理影响了工作H的正常作业，使工作H的作业时间延长2天，多用人工10个工日。

某余各项工作的实际作业时间和费用情况均与原计划相符。

问题

1. 在上述事件中，乙方可以就哪些事件向甲方提出工期补偿和费用补偿要求？试简述理由。

2. 该工程的实际施工天数为多少天？可得到的工期补偿为多少天？工期奖罚天数为多少天？

3. 假设工程所在地人工费标准为30元/工日，应由甲方给予补偿的窝工人工费补偿标准为18元/工日，施工管理费、利润等均不予补偿。在该工程中，乙方可得到的合理的经济补偿有哪几项？经济补偿额为多少？

答案

1. 在上述事件中，乙方能否提出补偿要求及其理由如下：

事件1　可以提出工期补偿和费用补偿要求，因为施工现场提供的时间延长属于甲方应承担的责任，且工作A位于关键线路上。

事件2　不能提出补偿要求，因为租赁设备迟进场属于乙方应承担的风险。

事件3　可以提出费用补偿要求，但不能提出工期补偿要求。因为设计变更的责任在甲方，由此增加的费用应由甲方承担；而由此增加的作业时间（2天）没有超过该项工作的总时差（10天）。

事件4　不能提出费用补偿要求，但可以提出工期补偿要求。因为乙方应该对自己完成的产品质量负责。无论甲方代表是否参加检查验收，均有权要求乙方剥离检查，检查后发现工作F质量不合格，费用由乙方承担，但可以得到工期补偿。

2. 该工程的实际施工天数为42天，可得到的工期补偿为4天，工期奖罚天数为0天。

（1）通过对图5-4的计算，该工程施工网络进度计划的关键线路为①-②-③-④-⑥-⑦-⑧，计划工期为38天，与合同工期相同。将图5-4中所有各项工作的持续时间均以实际时间代替，计算结果表明：关键线路不变（仍为①-②-③-④-⑥-⑦-⑧），实际工期为42天。

（2）将图5-4中所有由甲方负责的各项工作持续时间延长天数加到原计划相应工作的持续时间上。计算结果表明：关键线路亦不变（仍为①-②-③-④-⑥-⑦-⑧），工期仍为42天。42－38＝4（天），所以，该工程可索赔工期天数为4天。

3. 在该工程中，乙方可得到的合理的经济补偿有如下几项：

(1)由事件1引起的窝工人工费(6+8)×18=252(元)；

(2)由事件2引起增加的人工费14×30=420(元)；

(3)由事件3引起增加的其他费用15000(元)；

所以，在该工程中，乙方可得到的合理的经济补偿总额为：

252+420+15000=15672(元)。

案例4

背景材料

某路桥公司(乙方)于某年7月15日与某业主(甲方)签订了修建某路口匝道的施工合同。乙方编制的施工方案和进度计划已获监理工程师批准。该工程的基坑开挖土方量为5000m^3，综合费率为20%，该基坑施工方案规定：土方工程采用租赁一台斗容量为1.5m^3的反铲挖掘机施工(租赁费500元/台班)。甲、乙双方合同约定8月1日开工，8月10日完工。在实际施工中发生了如下几项事件：

事件1：因租赁的挖掘机大修，晚开工2天，造成人员窝工10个工日。

事件2：施工过程中，因遇软土层，接到监理工程师8月5日停工的指令，进行地质复查，配合用工15个工日。

事件3：8月9日接到监理工程师于8月10日复工令，同时提出基坑开挖深度加深2m的设计变更通知单，由此增加土方开挖量1000m^3，土方单价为：4.20元/m^3。

事件4：8月10日~8月12日，因下大雨迫使基坑开挖暂停，造成人员窝工10个工日。

事件5：8月13日用30个工日修复冲坏的永久性道路；8月14日恢复挖掘工作，最终基坑于8月20日开挖完毕。

问题

1. 路桥公司可以就上述哪些事件向业主要求索赔，哪些事件不可以要求索赔？请说明原因。

2. 每项事件工期索赔是多少天？总计工期索赔多少天？

3. 假设人工费单价为23元/工日，因增加用工所需的管理费为增加人工费的30%，则合理的费用索赔总额是多少？

4. 乙方应向甲方提供的索赔文件有哪些？

答案

1. 路桥公司能否提出索赔及其原因如下：

事件1　不能提出索赔要求，因为租赁的挖掘大修延迟开工，属承包商的责任。

事件2　可提出索赔要求，因为地质条件变化属于业主应承担的责任。

事件3 可提出索赔要求,因为这是由设计变更引起的。

事件4 可提出索赔要求,因为大雨迫使停工,需推迟工期。

事件5 可提出索赔要求,因为雨后修复冲坏的永久道路,是业主的责任。

2. 计算每项事件工期索赔天数。

事件2 可索赔工期5天(5~9日)

事件3 可索赔工期2天 $1000m^3/(5000m^3/10天)=2(天)$

事件4 可索赔工期3天(10~12日)

事件5 可索赔工期1天(13日)

小计 可索赔工期11天=5+2+3+1=11(天)

3. 计算合理的费用索赔额。

事件2 人工费15工日×23元/工日×(1+30%)=448.5(元)

机械费500元/台班×5=2500(元)

事件3 (1000×4.2)×(1+20%)=5040(元)

事件5 人工费30工日×23元/工日(1+30%)=897(元)

机械费500元/台班×1=500(元)

可索赔费用总额为:

$$448.5+2500+5040+897+500=9385.5(元)$$

4. 路桥公司向业主提供的索赔文件有索赔信、索赔报告、索赔证据以及详细计算式。

案例5

背景材料

某工程基坑开挖后发现有城市供水管道横跨基坑,须将供水管改线并对地基进行处理。为此,业主以书面形式通知施工单位停工5天,并同意合同工期顺延5天。为确保继续施工,要求工人、施工机械等不要撤离施工现场,但在通知中未涉及如何处理由此造成施工单位停工损失。施工单位认为对其损失过大,意欲索赔。

问题

1. 索赔能否成立,索赔证据是什么?
2. 由此引起的损失费用项目有哪些?
3. 如果提出索赔要求,应向业主提供哪些索赔文件?

答案

1. 索赔成立。索赔证据为业主提出的要求停工通知书。
2. 费用损失主要有:5天的工人窝工、施工机械停滞及管理费用。
3. 应向业主提供如下索赔文件:

(1)致业主的索赔信函,提出的索赔要求或提出索赔意向通知。

(2)索赔报告,提出索赔事实的内容,引用文件说明索赔的合理与合法性,提出索赔费用计算根据及要求赔偿金额。

(3)索赔费用计算书及索赔证据复制件。

案例6

背景材料

某工程,合同价为3000万元,工期1年,业主委托某监理公司实施施工阶段监理,并与施工单位签订了施工承包合同。

1. 签订的监理合同中有如下的内容:

(1)监理单位是本工程的最高管理者;

(2)监理单位应维护业主利益;

(3)业主与监理单位实行合作监理,即业主单位具有监理工程师资格的人参与监理工作;

(4)业主方参与监理人员同时作为业主代表,负责与监理单位联系;

(5)上述业主代表可以向承包商下达指令;

(6)监理单位仅进行质量控制,而进度与投资控制则由业主负责;

(7)由于监理单位的努力,使合同工期提前的,监理单位与业主分享利益。

2. 业主与承包商签订的施工合同中有如下内容:

(1)承包商应根据建设监理合同接受监理;

(2)承包商努力使工期提前的,按提前产生的利润的一定比例提成;

(3)该工程所使用的钢筋和水泥由业主供应。

3. 监理合同签订前,监理单位由该项目的土木施工工程师编制了监理规划要点如下:

(1)设计阶段监理控制目标及措施;

(2)设计方案的评审;

(3)施工图纸的审核;

(4)协助业主编制招标文件;

(5)协助业主组织工程招标;

(6)编制施工进度计划;

(7)审核工程概算;

(8)审核施工图预算,与概算进行比较。

问题

1. 监理合同中有何不妥之处?为什么?

2. 施工合同中有何不妥之处?为什么?

3. 监理规划有何不妥之处?为什么?

答案

1. 监理合同存在以下不妥之处：

(1)监理单位虽然是受业主委托就工程的实施对承包商进行全面的监督、管理，但是对某些重大问题还必须由业主做出决定，因此监理单位不是也不可能是工程唯一的最高管理者。

(2)监理单位应作为公正的第三方，以批准的项目建设文件，有关的法律、法规以及监理合同和工程建设合同为依据进行监理。因此，监理单位应站在公正立场上行使自己的处理权，要维护业主和被监理单位双方合法权益。

(3)业主单位具有监理工程师资格的人参与监理工作是可行的，但不能称之为合作监理，合作监理是指监理单位之间的合作。

(4)上述业主方参与监理的人，工作时不能作为业主的代表，只能以监理单位名义和人员进行活动。

(5)业主代表不可以直接向承包商下达指令，而必须通过监理工程师下达。

(6)监理的三大控制目标是相互联系的，只控制一个目标是不切合实际的。

(7)监理单位努力使规定的工期提前，业主应按约定给予奖励，但不是利润分成。

2. 施工合同存在以下不妥之处：

(1)承包商应依据施工合同的规定接受监理，而不是按监理合同的规定。

(2)承包商使工期提前，可按合同规定得到奖励，但不是按利润比例分成。

3. 监理规划方面存在以下不妥之处：

(1)监理规划应在签订监理合同之后编制，而不是在签订监理合同之前编制。

(2)监理规划应由总监理工程师主持编制，不应由专业工程师主持编制。

(3)因委托的是施工监理，所以不应有设计阶段监理控制目标及措施。

(4)设计方案评审是设计阶段监理的工作内容，所以也不应列入。

(5)施工图纸审核也是设计阶段监理内容，不应列入施工阶段监理规划中。

(6)编制施工招标文件是施工招标阶段的工作，不宜列入施工监理规划中。

(7)协助业主组织施工招标也是施工招标阶段的工作，不宜列入施工监理规划中。

(8)编制施工进度计划应是施工承包商的任务，而非监理工程师的任务。

案例7

背景材料

某项工程建设项目，业主与施工单位按《建设工程施工合同文本》签订了工程施工合同，工程未进行投保。在工程施工过程中，遭受暴风雨不可抗力袭击，造成了相应的损失，施工单位及时向监理工程师提出索赔要求，并附索赔有关的资料和证据。索赔报告的基本要求如下：

1. 遭暴风雨袭击是因非施工单位原因造成的损失，故应由业主承担赔偿责任。

2. 给已建分部工程造成破坏,损失计20万元,应由业主承担修复的经济责任,施工单位不承担修复的经济责任。

3. 施工单位人员因此灾害数人受伤,处理伤病医疗费用和补偿金总计5万元,业主应给予赔偿。

4. 施工单位进场的正在使用的机械、设备受到损坏,造成损失10万元,由于现场停工造成台班费损失5万元,业主应负担赔偿和修复的经济责任。工人窝工费4万元,业主应予支付。

5. 因暴风雨造成现场停工10天,要求合同工期顺延10天。

6. 由于工程遭到破坏,清理现场需费用3万元,业主应予支付。

问题

1. 监理工程师接到施工单位提交的索赔申请后,应进行哪些工作?请详细分条列出。

2. 不可抗力发生风险承担的原则是什么?对施工单位提出的要求如何处理?请逐条回答。

答案

1. 监理工程师接到索赔申请通知后应进行以下主要工作:

(1)进行调查、取证;

(2)审查索赔成立条件,确定索赔是否成立;

(3)分清责任,认可合理索赔;

(4)与施工单位协商,统一意见;

(5)签发索赔报告,处理意见报业主核准。

2. 不可抗力风险承担责任的原则及对施工单位提出的索赔要求的处理方法如下:

(1)处理原则:

①工程本身的损害由业主承担;

②人员伤亡由其所属单位负责,并承担相应费用;

③造成施工单位机械、设备的损坏及停工等损失,由施工单位承担;

④所需清理、修复工作的费用,由双方协商承担;

⑤工期给予顺延。

(2)索赔报告中的六项基本要求的处理方法:

第1条经济损失由双方分别承担,工程延期应予签证顺延;

第2条工程修复、重建20万元工程款应由业主支付;

第3条索赔不予认可,由施工单位承担;

第4条索赔不予认可,由施工单位承担;

第5条应予认可,顺延合同工期10天;

第6条由双方协商承担。

案例 8

背景材料

某项工程建设项目，在施工图设计没有完成前，业主通过招标选择了一家总承包单位承担该工程的施工任务。由于设计工作尚未完成，承包范围内待实施的工程虽然性质明确，但是工程量还难以确定，双方商定拟采用总价合同形式签订施工合同，以减少双方的风险。施工合同签订前，业主委托了一家监理单位拟协助业主签订施工合同和进行施工阶段监理。监理工程师查看了业主（甲方）和施工单位（乙方）草拟的施工合同条件，发现合同中有以下一些条款：

1. 乙方按监理工程师批准的施工组织设计（或施工方案）组织施工，乙方不应承担因此引起的工期延误和费用增加的责任。

2. 甲方向乙方提供施工场地的工程地质和地下主要管网线路资料，供乙方参考使用。

3. 乙方不能将工程转包，但允许分包，也允许分包单位将分包的工程再次分包给其他施工单位。

4. 监理工程师应当对乙方提交的施工组织设计进行审批或提出修改意见。

5. 无论监理工程师是否参加隐蔽工程的验收，当其提出对已经隐蔽的工程重新检验的要求时，乙方应按要求进行剥露，并在检验合格后重新进行覆盖或者修复。如果检验合格，甲方承担由此发生的经济支出，赔偿乙方的损失并相应顺延工期；如果检验不合格，乙方则应承担发生的费用，工期不予顺延。

6. 乙方按协议条款约定时间应向监理工程师提交实际完成工程量的报告。监理工程师接到报告 7 天内按乙方提供的实际完成的工程量报告核实工程量（计量），并在计量前 24 小时通知乙方。

问题

1. 业主与施工单位选择的总价合同形式是否恰当？为什么？

2. 请逐条指出以上合同条款中的不妥之处，应如何改正？

3. 若检验工程质量不合格，你认为影响工程质量应从哪些主要因素进行分析？

答案

1. 不恰当（或不宜使用总价合同形式）。因为该项目工程量难以确定（或双方风险较大）。

2. 关于草拟的施工合同条件，存在以下不妥之处：

第 1 条中“乙方不应承担因此引起的工期延误和费用增加的责任”不妥。应改正为：乙方按监理工程师批准的施工组织设计（或施工方案）组织施工，不应承担非自身原因引起的工程延误和费用增加的责任。

第 2 条中“供乙方参考使用”不妥。应改正为：保证资料（数据）真实、准确（或作为乙方现场施工的依据)。

第3条中“再次分包”不妥。应改正为:不允许分包单位再次分包。

第4条不妥。应改正为:乙方应向监理工程师提交施工组织设计,供其审批或提出修改意见(或监理工程师职责不应出现在施工合同中)。

第6条中“监理工程师按乙方提供的实际完成的工程量报告核实工程量(计量)”不妥。应改正为:监理工程师应按设计图纸对已完工程量进行计量。

3. 影响工程质量的主要因素有:人、材料、施工方法、施工机械、环境。

案例9

背景材料

业主计划将拟建的工程建设项目在实施阶段委托某一监理公司进行监理。业主在合同草案中提出的部分内容如下:

1. 除非因业主原因发生时间延误外,对于任何时间延误,监理单位应付相当于施工单位罚款的20%给业主,如工期提前,监理单位可得到相当于施工单位工期提前奖励的20%的奖金。

2. 工程图纸出现设计质量问题,监理单位应付给业主相当于设计单位设计费的5%作为赔偿。

3. 施工期间发生一起施工人员重伤事故,监理单位应受罚款1.5万元;发生一起死亡事故,监理单位应受罚款3万元。

4. 凡由于监理工程师发生差错、失误而造成重大经济损失的,监理单位应付给业主一定比例(取费费率)的赔偿费。如不发生差错、失误,则监理单位可得到全部监理费。

监理单位认为上述条款有不妥之处。

经过双方的商讨,对合同的全部内容进行了调整与完善,最后确定了工程建设监理合同的主要条款包括:监理的范围和内容、双方的权利和义务、监理费的计取与支付、违约责任和双方约定的其他事项等。

问题

1. 在该监理合同草案中,拟定的部分条款中有哪些不妥?为什么?

2. 经过双方商讨后的监理合同是否已包括了主要的条款内容?

3. 如果该合同是一个有效的经济合同,它应具备什么条件?

答案

1. 合同草案中拟定的部分条款存在以下不妥之处:

第1条和第2条均不妥。因为工程建设监理是监理单位接受项目业主的委托而开展的技术服务性活动,监理单位和监理工程师“不是也不能成为任何承包商的工程的承保人或保证人”，将设计、施工出现的问题与监理单位直接挂钩，与监理工作的性质不适宜。这是一个原因。其次，监理单位是与项目业主和承包商相互独立、平等的第三方，为了保证其独立性与公正性，我国建设监理法规明文规定监理单位不得与施工、设备制造、材料供应等单位有隶属关系或经济利益关系，在合同中若写入背景材料中的条款，势必将监理单位的经济利益与承建商的利益联系起来，不利于监理工作的公正性。

第3条亦不妥。虽然在《工程建设监理规定》中规定“监理单位在监理过程中因过错造成重大经济损失的，应承担一定的经济责任和法律责任”，但在合同中应明确写明责任界定，如“重大经济损失”的内涵、监理单位赔偿比例等。

2. 该合同包括了应有的主要条款。

在背景材料中给出，双方对合同内容商讨后，约定合同中包括了监理的范围和内容、双方的权利和义务、监理费的计取与支付、违约责任和双方约定的其他事项等内容。根据《工程建设监理规定》中（第十一条）对监理合同内容的要求，该合同包括了应有的主要条款。

3. 若该合同是一个有效的经济合同，应满足以下基本条件：

（1）主体资格合法。即业主和监理单位作为合同双方当事人，应当具有合法的资格。

（2）合同的内容合法。内容应符合国家法律、法规，真实表达双方当事人的意见。

（3）订立程序合法，形式合法。

案例 10

背景材料

某工程建设项目由三个单项工程组成。项目业主准备将其分为三个独立的合同段，分别由三个承建商进行实施，并通过公开招标选择施工单位。某工程建设监理单位已通过投标获得了此项目的监理任务。

问题

1. 监理委托合同与施工合同签订的先后顺序如何？

2. 在招标选择承建商过程中，监理单位是否有决定权？

3. “承包商要分包某部分工程，则分包商要由监理工程师选择”的说法是否正确？为什么？

4. 如果承包商要将某部分工程分包出去，则需要谁批准？

5. “在做标期间，对某投标人提出的问题，业主或招标机构只需向该投标人做出书面答复”的说法，请问是否正确？

答案

1. 业主先与监理单位签订监理委托合同，然后再与承建商签订施工合同。

2. 在招标选择承包商过程中，监理单位不具有决定权，仅有建议权。具有决定权的是业主。

3. 不正确。分包商由总承包商选择,但必须经监理工程师审查确认,并报建设单位(项目业主)批准。

4. 承建商要将某部分工程分包出去,必须由建设单位批准。

5. 不正确。业主一方对某投标人所提出问题的书面答复应发给所有的投标人。

案例 11

背景材料

对某项工程的施工,业主通过公开招标方式选定了承包商。签订合同时,业主为了约束承包商能保证工程质量,要求承包商支付了 20 万元定金。业主与承包商双方在施工合同中对工程预付款、工程质量、工程价款、工期和违约责任等都做了具体约定。

施工合同履行时,在基础工程施工中碰到地下有大量文物,使整个工程停工 8 天;主体工程施工中,由于施工机械出现故障,使进度计划中关键线路上的部分工作停工 12 天。两次停工承包商都及时向监理工程师提出了工期索赔申请,并提供了施工记录。

问题

1. 招标时对承包商的资质审查的内容有哪些?
2. 定金与预付款有什么区别?
3. 监理工程师判定承包商索赔成立的条件是什么?
4. 监理工程师对两次索赔申请应如何处理?

答案

1. 对承包商资质审查的内容有:

企业营业执照和资质证书、人员素质、设备和技术能力、财务状况、工程经验、企业信誉等。

2. 定金与预付款的区别是:

(1)目的不同。定金的目的是为了证明合同的成立和确保合同的履行;而预付款是为了解决承包商在工程准备和材料准备中的资金问题。

(2)性质不同。定金是担保形式,是法律行为;而预付款是一种惯例,是约定俗成的习惯,不是法律行为。

(3)处理不同。定金视合同履行情况有不同的法律后果:

①合同正常履行,定金返还;

②合同不履行,双方均无过错,定金返还;

③支付定金的一方不履行合同,无权获得返还定金;

④收取定金的一方不履行合同,双倍返还定金。

预付款在工程进度款中按比例以扣还的方式归还。

3. 监理工程师判定承包商索赔成立的条件是：

(1)承包商受到了实际损失或损害；

(2)损失不是因承包商的过错造成；

(3)损害也不是承包商应承担的风险造成；

(4)承包商在合同规定的索赔时限内提出。

4. 两次索赔处理：

(1)判定第一次索赔成立。因为：

①遇到文物时的停工应视为业主应承担的风险，不属于承包商的责任，工期索赔理由成立；

②承包商及时提供了证据资料；

③承包商及时提出了索赔申请。

监理工程师根据监理记录核实延误的天数，并签发工期变更指令。

(2)判定第二次索赔不成立。因为施工机械故障造成工期延误是承包商自己的责任，索赔无理由。监理工程师应在收到索赔申请后10天内做出答复，表示索赔不成立。

案例12

背景材料

某工程项目业主委托一监理单位进行施工阶段监理。在委托监理任务之前，业主与施工单位已经签订了施工合同。监理单位在执行合同中陆续遇到一些问题需要进行处理。若你作为监理工程师，对遇到的下列问题，请提出处理意见。

问题

1. 在施工招标文件中，按工期定额计算，工期为550天。但在施工合同中，开工日期为2001年3月15日，竣工日期为2003年10月20日，日历天数为581天，请问监理的工期目标应为多少天？为什么？

2. 施工合同中规定，业主给施工单位供应8套图纸，施工单位在施工中要求业主再提供2套图纸，施工图纸的费用应由谁来支付？

3. 在基槽开挖土方完成后，施工单位未按施工组织设计对基槽四周进行围栏防护，业主代表进入施工现场不慎掉入基坑摔伤，由此发生的医疗费用应由谁来支付？为什么？

4. 在结构施工中，施工单位需要在夜间浇筑混凝土，经业主同意并办理了有关手续。按地方政府有关规定，在晚上10点以后一般不得施工，若有特殊需要应给附近居民补贴。此项费用应由谁承担？

5. 在结构施工中，由于业主供电线路事故原因，造成施工现场连续停电5天。停电后施工单位为了减少损失，经过调剂，工人尽量安排其他生产工作。但现场的1台塔吊、2台混凝土搅拌机停止工作，施工单位按规定时间就停工情况和经济损失提出索赔报告，要求索赔工期和费用，监理工程师应如何批复？

答案

1. 按照合同文件的解释顺序,协议条款与招标文件在内容上有矛盾时,应以协议条款为准。故监理的工期目标应为581天。

2. 合同规定业主供应图纸8套,施工单位再要2套图纸,超出合同规定,故增加的图纸费用应由施工单位支付。

3. 在基槽土方开挖后,在四周设置围栏,按合同文件规定是施工单位的责任。未设围栏而发生人员摔伤事故,所花费的医疗费应由施工单位支付。

4. 夜间施工已经业主同意,并办理了有关手续后应由业主承担有关费用。

5. 监理工程师对施工单位提出的索赔,做如下处理:

由于施工单位以外的原因造成连续停电,在一周内超过8小时,施工单位又按规定提出索赔,故监理工程师应批复工期顺延。

由于工人已被安排进行其他生产工作,监理工程师应批复因改换工作引起的生产效率降低的费用。

造成施工机械停止工作,监理工程师视情况可批复机械设备租赁费或折旧费的补偿。

案例13

背景材料

某大型钢筋混凝土工程项目,质量要求达到国家优良标准。该项目所在地的地质条件良好,现场已完成三通一平工作,施工图纸已齐备,满足开工条件。业主已落实自筹的建设资金,并与某监理公司签订了委托施工招标和施工阶段监理合同。

问题

1. 作为监理工程师,应向业主推荐哪种招标方式?为什么?

2. 根据该工程的具体条件,在总价合同、单价合同、成本加酬金合同形式中,监理工程师宜向业主推荐采用哪种合同形式?为什么?

3. 根据该工程的具体情况,在监理工程师为业主编制的招标文件中,应包含哪些基本内容?

答案

1. 推荐采取公开招标方式。

因为该工程的规模大、投资大、质量要求高,采取公开招标方式有利于保证工程质量和进度以及降低投资。

2. 推荐采用单价合同。

这样有利于降低投标报价的合同价格,并且由于国内物价稳定,价格调整可能不多,便于逐项控制投资。

3. 招标文件中一般应包括：

①工程概况；②工程范围；③工程承包方式；④材料及设备供应方式；⑤工程质量要求及保修期；⑥工程价款与结算方式；⑦建设工期；⑧奖励与罚款；⑨设计图纸与规范；⑩投标者须知。

案例 14

背景材料

某工程建设项目，项目业主分别与监理单位和施工单位签订了施工阶段委托监理合同和施工合同在委托监理合同中，对于业主（甲方）和监理单位（乙方）的权利、义务和违约责任的某些规定如下：

1. 乙方在监理工作中应维护甲方的利益。

2. 施工期间的任何设计变更必须经过乙方审查、认可，并发布变更令方为有效并付诸实施。

3. 乙方应在甲方授权范围内对委托的工程项目实施施工监理。

4. 乙方发现工程设计中的错误或不符合建筑工程质量标准的要求时，有权要求设计单位更改。

5. 乙方监理仅对本工程的施工质量实施监督控制；进度控制和费用控制任务由甲方行使。

6. 乙方有审核批准索赔权。

7. 乙方对工程进度款支付有审核签证权；甲方有独立于乙方之外的自主支付权。

8. 在合同责任期内，乙方未按合同要求的职责认真服务，或甲方违背对乙方的责任时，均应向对方承担赔偿责任。

9. 由于甲方严重违约及非乙方责任而使监理工作停止半年以上的情况下，乙方有权终止合同。

10. 甲方违约应承担违约责任，赔偿乙方相应的经济损失。

11. 在施工期间，工地每发生一起人员重伤事故，乙方应受罚 1 万元；发生一起死亡事故受罚 2 万元；发生一起质量事故，乙方应付给甲方相当于质量事故经济损失 5% 的罚款。

12. 乙方有发布开工令、停工令、复工令等指令的权力。

问题

上述各条款中有无不妥之处？应如何改正？

答案

1. 不妥。

正确的应当是：乙方在监理工作中应当公正地维护有关方面的合法权益。

2. 不妥。

正确的应当是:设计变更的审批权在业主,任何设计变更需经乙方审查后,报业主审查、批准、同意后,再由乙方发布变更令,实施变更。

3. 正确。

4. 不妥。

正确的应当是:乙方发现设计错误或不符合质量标准要求时,应报告甲方要求设计单位改正,并向甲方提供报告。

5. 不妥。

因为三大控制目标是相互联系、相互影响的,仅控制其中的一个目标是不合实际的。正确的应当是:监理单位有实施工程项目质量、进度和费用三方面的监督控制权。

6. 不妥。

乙方仅有索赔审核权及建议权,而无批准权。正确的应当是:乙方有审核索赔权,除非有专门约定外,索赔的批准、确认应通过甲方。

7. 不妥。

正确的应当是:在工程承包合同议定的工程价格范围内,乙方对工程进度款的支付有审核签认权;未经乙方签字确认的,甲方不支付工程款。

8. 正确。

9. 正确。

10. 正确。

11. 不妥。

正确的应当是:因乙方的过失而造成经济损失,乙方应向甲方进行赔偿,累计赔偿总额不应超出监理酬金总额(扣除税金)。

12. 不妥。

正确的应当是:乙方在征得甲方同意后,有权发布开工令、停工令、复工令。

案例 15

背景材料

某大型工程项目地质情况复杂,由于工程项目建设任务十分紧迫,要求尽快开工并按时竣工,基础处理工程量难以准确确定。因此,业主根据监理单位的建议,采用单价合同方式与承包方签订了施工合同,对于工程变更、工程计量、合同价款的调整及工程款的支付等都做了规定。

问题

1. 在进行施工招标前,业主委托监理方协助业主编制施工合同条款,考虑到本工程的复杂情况,监理方对于有关工程变更的条款做了重点考虑。作为监理工程师,你认为:

(1)属于工程变更的事项包括哪些方面的内容?

(2)对于工程的变更方面,如果是发包方提出的变更应如何进行管理?如果是承包方提出的变更应如何进行管理?

2. 在施工过程中,若承包商根据监理工程师的指示就部分工程进行了变更施工,试问变更部分合同价款应根据什么原则进行确定?变更价款的确定应当按什么程序进行?

3. 若由于发包方提出的工程变更要求而引发承包方的费用索赔和延长工期的要求,但发包方与承包方对该项索赔要求未取得一致,从而形成合同争议,试问应当通过什么方式处理和解决争议?

答案

1. 工程变更包括内容和管理两方面的问题。

(1)属于工程变更的事项包括:

①工程的高程、基线、位置、尺寸等的改变;

②工程的性质、标准的变更;

③增加或减少合同约定的工程量;

④改变施工顺序或时间;

⑤其他。

(2)发包方提出的工程变更应当不迟于变更前的14天书面通知承包方;若属于改变原工程标准或超过原工程规模的变更,还应报原规划管理部门审批,设计变更应由原设计单位修改。

承包方应严格按图施工,不得随意变更设计,若承包商要求对原设计变更,应经监理工程师同意,还需经原规划管理部门和其他有关部门审查批准,并由原设计单位提供变更的图纸和说明。承包方擅自变更设计,要承担由此发生的费用、发包方的损失以及工期延误的一切责任。由承包方提出、经监理工程师同意的设计变更,导致的合同价增减、发包方的损失由发包方承担,工期顺延。

2. 发包方和承包方提出的工程变更应分别进行管理。

(1)发包方提出工程变更后,合同价款的调整按下列原则和方法进行:

①合同中已有适用于变更工程单价的,按合同已有的单价计算和变更合同价款;

②合同中只有类似于变更工程的单价,可参照它来确定变更价格和变更合同价款;

③合同中没有上述单价时,由承包方提出相应价格,经监理工程师确认后执行。

(2)对承包方提出的工程变更,确定变更价款的程序为:

①变更发生后的14天内,承包方应提出变更价款报告,经监理工程师确认后,调整合同价;

②若变更发生后14天内承包方不提出变更价款报告,则视为该变更不涉及价款变更;

③监理工程师收到变更价款报告日起14天内应对其予以确认;若无正当理由不确认时,自收到报告时算起14天后该报告自动生效。

3. 合同双方发生争议可通过下列途径寻求解决:

(1)协商和解;

(2)有关部门调解;

(3)按合同约定的仲裁条款或仲裁协调申请仲裁;

(4)向有管辖权的法院起诉。

案例16

背景材料

某高速公路项目利用世界银行贷款修建,施工合同采用FIDIC合同条件,业主委托监理单位进行施工阶段监理。该工程在施工过程中,陆续发生了如下索赔事件(索赔工期与费用数据均符合实际):

1. 施工期间,承包方发现施工图纸有误,需设计单位进行修改,由于图纸修改造成停工30天。承包方提出工期延期30天与费用补偿3万元的要求。

2. 施工期间因下雨,为保证路基工程填筑质量,总监理工程师下达了暂停施工指令,停8天,其中连续3天出现低于工程所在地雨季平均降雨量的雨天气候和连续5天出现50年一遇特大暴雨。承包方提出工程延期8天与费用补偿3万元的要求。

3. 施工过程中,现场周围居民称承包方施工噪声对他们造成干扰,阻止承包方的混凝土浇筑工作。承包方提出工期延期10天与费用补偿2万元的要求。

4. 由于业主要求,在原设计中的一座互通式立交桥设计长度增加了5m,监理工程师向承包方下达了变更指令,承包方收到变更指令后及时向该桥的分包单位发出了变更通知。分包方及时向承包方提出了索赔报告,报告内容包括:

(1)由于增加立交桥长度,需增加费用20万元和分包合同工期延期30天的索赔;

(2)此设计变更前因承包方使用而未按分包合同约定提供施工场地,导致工程材料到场二次倒运增加的费用1万元和分包合同工期延期10天的索赔。

承包方以已向分包单位支付索赔款21万元的凭证为索赔证据,向监理工程师提出要求补偿该笔费用21万元和延长工期40天的要求。

5. 由于某路段路基基底是淤泥,根据设计文件要求,需进行换填,在招标文件中已提供了地质的技术资料。承包方原计划使用隧道出碴作为填料换填,但施工中发现隧道出碴级配不符合设计要求,需要进一步破碎以达到级配要求,承包方认为施工费用高出合同单价,如仍按原价支付不合理,需另外给予延期20天与费用补偿20万元的要求。

问题

针对承包方提出的上述索赔要求,监理工程师应如何签署意见?

答案

1. 这是非承包方原因造成的,故监理工程师应批准工期补偿和费用补偿。

2. 由于异常恶劣气候造成的5天停工是承包方不可预见的,应签证给予工期补偿5天,而不应给予费用补偿。

3. 这是承包人自身原因造成的，故不应给予费用补偿和工期补偿。

4. 监理工程师应批准由于设施变更导致的费用补偿 20 万元和工期补偿 30 天，因其属于业主责任（或不属于承包方责任）；不应批准材料倒运增加的费用补偿 1 万元和工期补偿 10 天，因其属于承包方责任。

5. 这是承包方应合理预见的，故监理工程师不应签证给予费用补偿和工期补偿。

案例 17

背景材料

某涵洞工程建设项目，业主（A）与某一级施工企业（B）和某甲级监理单位（C）分别签订了工程施工合同和施工阶段监理合同。工程开工后发生了下列一些事件：

1. 在修建涵洞工程的基础施工中，由于施工班组的违章作业，使经过监理人员检验合格的基础钢筋出现位移质量事故。在混凝土浇筑不久后，监理方发现并及时口头指示，书面通知了承包方立即停工处理和整改。承包方按监理方指令执行，提出质量事故报告及处理方案，经监理工程师审查批准后实施。整改完成后，经监理方重新检验确认合格后，指令复工继续基础混凝土施工。由此造成的经济损失由承包方承担，工期拖延不予延长，监理方将此事故及处理情况向业主报告。而业主代表书面提出：出现质量事故，监理公司也应负一定责任，要求扣除 1% 的监理费作为罚金。

2. 在地下管道施工中，管道铺设完毕后，承包方曾书面通知监理方要求检查管道铺设质量。但监理方收到质量验收通知单后，在合同约定的时间内并未前去检验，也未提出延期检查的书面要求。因此，承包方即将管沟予以回填。为此，监理方书面指令承包方将管沟重新挖开，以便检验管道质量。承包方按监理方要求对管沟进行剥露，经监理方检查后，确认管道铺设质量未达到设计图纸要求和合同要求，也不符合标准和规范要求，管道接合部严重漏水。因此，监理方要求承包方返工。承包方按要求进行了管道的返工处理，经监理方检验质量合格予以确认后，将管沟重新回填。为此，承包方提出：除管道返工费用由于承包方原因造成的质量不合格应自己承担外，要求发包方补偿再度剥露费用（包括重新开挖、回填以及更新由于重挖造成的部分管道损坏的费用）85000 元和工期延长10 天。

3. 在修建路基工程中，开挖基础时，在地下发现大量化石和古人类文明遗迹。经有关部门及专家鉴定为远古类人猿活动遗址，有重大考古价值。经国家有关部门与业主协商决定在该处进行发掘工作，并与承包方协商后决定由承包方抽调部分力量参与文物发掘工作。经 30 天发掘工作基本完成。为此，承包方向发包方提出要求补偿参与考古发掘工作的直接费用和 10% 利润，并且工期延长 30 天。

问题

1. 作为监理方是否接受业主代表要求扣除 1% 的监理费作为罚金？为什么？

2. 承包方在管道未经监理检查并认可其质量的情况下，能否回填和覆盖？管沟合法回填的前提条件是什么？

3. 承包方提出的发包方补偿管沟再度剥露的费用和工期延长的要求是否合理？为什么？监理方应如何处理？

4. 在施工中发现地下化石及文物后，监理单位应按照什么程序处理？

5. 对参与考古发掘工作，承包方提出的费用补偿及延长工期的要求是否合理？为什么？

答案

1. 监理方不能接受业主代表要求扣除1%的监理费作为罚金。

因为是承包方违章作业造成的质量事故，不是由于监理的错误指令造成的，故不属于监理方责任。

2. 分别回答如下：

(1)在未经监理方的检查和认可管道铺设质量合格的情况下，承包方可以回填和覆盖，但必须具备如下的前提条件：

①承包方自检合格后，在验收前48小时已书面通知监理方检查验收；

②监理人员没有在合同约定的时间内到现场检验，而且在不能按时到场检验的情况下，又未能提前24小时向承包方提出书面的延期检查的要求。

(2)一般情况下，承包方合法回填管沟的前提条件是：

①自检质量合格；

②经过监理方检查并书面确认工程质量合格，符合国家或行业规范、标准以及设计文件和施工合同的要求；

③在按合同约定的要求时间内，承包方已书面通知监理方检查，监理方未能按约定时间到场检查，也未能提前提出延期检查的要求。

3. 承包方向发包方提出补偿管沟剥露的费用和延长工期的要求不完全合理。

因为，隐蔽工程通常不论是否已经经过验收，当监理工程师提出剥露或开孔重新检验隐蔽工程的情况下，承包方都应当按监理工程师的要求进行剥露。至于因剥露而发生的费用及时间的补偿，则要看检查的结果如何来决定：若检验合格，则发包方应承担由此发生的全部追加合同价款，赔偿承包方损失，并相应顺延工期；若检验不合格，则承包方应承担发生的全部费用，但工期还应当顺延。故监理工程师对本问题的处理应当是：费用不给予补偿，工期不予顺延。

4. 施工中发现文物、化石及其他有考古、地质研究等价值的物品时，应按以下程序处理：

承包方应立即保护好现场，并于4小时内书面通知监理工程师。监理工程师应于收到书面通知后24小时内报告当地文物管理部门，并按有关管理部门的要求采取妥善的保护措施。必要时，可下达书面的暂停施工的指令。此外，监理方面还应与承包方互相配合，一方面要做好保护工作；另一方面要采取措施设法尽量减少由于暂停施工给工程和承包方带来的损失。

5. 承包方向发包方提出补偿因发现文物、化石等而发生的费用损失，以及延长工期的要求是合理的。

因为，一般在发生上述的情况下，发包方应承担由此发生的费用，并相应顺延延误的工期。

案例 18

背景材料

某工程建设项目的合同价为 2500 万元，该工程所签订的合同为可调值合同，合同报价日期为 2003 年 3 月，合同工期为 12 个月，每个季度结算一次。工程开工日期为 2003 年 4 月 1 日。2003 年第四季度施工单位完成产值是 750 万元。工程人工费、材料费构成比例以及相关季度造价指数如表 5-2 所示：

人工费、材料费构成比例以及相关季度造价指数表　　表 5-2

项　　目	人工费	材　料　费						不可调值费用
		钢材	水泥	集料	砖	砂	木材	
比例(%)	25	20	15	8	2	8	2	20
2003 年第一季度造价指数	100	100.8	102	93.6	100.2	95.4	93.4	
2003 年第四季度造价指数	116.8	106.6	110.5	95.6	98.9	93.7	95.5	

在施工过程中，发生如下四项事件：

1. 2003 年 4 月，在基础开挖过程中，个别部位实际土质与给定地质资料不符，造成施工费用增加 3 万元，相应工序的持续时间增加了 5 天。

2. 2003 年 5 月，施工单位为了保证质量，扩大了基础底面，开挖量增加导致费用增加 3.0 万元，相应工序的持续时间增加了 3 天。

3. 2003 年 7 月，在主体砌筑过程中，因施工图设计有误，实际工程量增加 4 万元，相应工序的持续时间增加了 2 天。

4. 2003 年 8 月进入雨季施工，恰逢 30 年一遇的大雨，造成停工损失 3 万元，工期增加了 5 天。

在以上事件中，除第 4 项外，其余工序均未发生在关键线路上，并对总工期无影响。针对上述事件，施工单位提出如下索赔要求：

(1) 增加合同工期 15 天；

(2) 增加费用 13 万元。

问题

1. 施工单位对施工过程中发生的上述事件可否索赔？为什么？

2. 监理工程师计算 2003 年第 4 季度应确定的工程结算款额。

3. 如果在工程保修期间发生了由施工单位原因引起的桥顶漏水、面层剥落等问题，业主多次催促施工单位修理而施工单位一再拖延的情况下，另请其他施工单位维修。由此所发生的维修费用该如何处理？

答案

1. 施工单位能否索赔及其原因如下：

(1)事件1　费用索赔成立，因为业主提供的地质资料与实际情况不符，这是承包商不可预见的。工期不予延长。

(2)事件2　费用索赔不成立，工期索赔也不成立。因为该工作属于承包商采取的质量保证措施。

(3)事件3　费用索赔成立，因为这是设计方案有误。工期不予延长。

(4)事件4　费用索赔不成立，工期可以延长。因为属异常的气候条件变化，承包商不应得到费用补偿。

2. 2003年第4季度监理工程师应批准的结算款额为：

$$P = P_0\left(a_0 + a_1\frac{A}{A_0} + a_2\frac{B}{B_0} + a_3\frac{C}{C_0} + a_4\frac{D}{D_0} + \cdots\right)$$

$$= 750\left(0.20 + 0.25 \times \frac{116.8}{100.0} + 0.20 \times \frac{106.6}{100.8} + 0.15 \times \frac{110.5}{102.0}\right.$$

$$\left. + 0.08 \times \frac{95.6}{93.6} + 0.02 \times \frac{98.9}{100.2} + 0.08 \times \frac{93.7}{95.4} + 0.02 \times \frac{95.5}{93.4}\right)$$

$$= 750 \times 1.0665 \approx 799.88(\text{万元})$$

3. 所发生的维修费用应从乙方保修金(或质量保证金、保留金)中扣除。

案例19

背景材料

某工程建设项目，业主与施工单位签订了施工合同。合同规定，在施工过程中，如因业主原因造成窝工，则人工窝工费和机械的停工费可按工日费和台班费的60%结算支付。业主还与监理单位签订了施工阶段的监理合同。合同中规定监理工程师可直接签证、批准5天以内的工程延期和1万元以内的单项费用索赔。工程按图5-5网络计划进

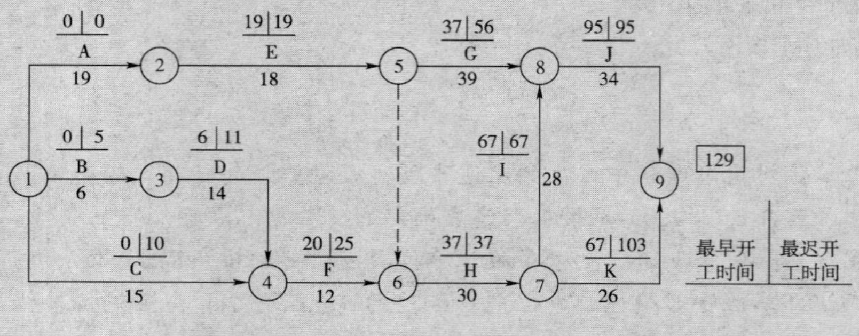

图5-5　网络计划图

行，其关键线路为A—E—H—I—J。在计划执行过程中，出现了下列一些情况，影响了一些工作暂时停工（同一工作由不同原因引起的停工时间，都不在同一时间）。

1. 因业主不能及时供应材料，使E延误3天，G延误2天，H延误3天。

2. 因机械发生故障检修，使E延误2天，G延误2天。

3. 因业主要求设计变更，使F延误3天。

4. 因公网停电，使F延误1天，I延误1天。

施工单位及时向监理工程师提交了一份索赔申请报告，并附有有关资料、证据和下列要求：

（1）工期顺延：E停工5天；F停工4天；G停工4天；H停工3天；I停工1天。总计要求工期顺延17天。

（2）经济损失索赔：

①机械设备窝工费：

E工序吊车　(3+2)台班×240元/台班=1200（元）

F工序搅拌机　(3+1)台班×70元/台班=280（元）

G工序小机械　(2+2)台班×55元/台班=220（元）

H工序搅拌机　3台班×70元/台班=210（元）

合计：1910（元）

②人工窝工费：

E工序　5天×30人×28元/工日=4200（元）

F工序　4天×35人×28元/工日=3920（元）

G工序　4天×15人×28元/工日=1680（元）

H工序　3天×35人×28元/工日=2940（元）

I工序　1天×20人×28元/工日=560（元）

合计：13300（元）

③间接费增加：(1910+13300)×16%=2433.6（元）

④利润损失：(1910+13300+2433.6)×5%=882.18（元）

总计经济索赔额：1910+13300+2433.6+882.18=18525.78（元）

问题

1. 审查施工单位所提索赔要求中哪些内容可以成立？索赔申请书提出的工序顺延时间、停工人数、机械台班和单价的数据等，经审查后均真实。监理工程师对所附各项工期顺延、经济索赔要求，如何确定认可？为什么？

2. 监理工程师对认可的工期顺延和经济索赔金如何处理？为什么？

答案

1. 计算工期顺延与经济索赔额。

（1）工期顺延　由于非施工单位原因造成的工程延期，应给予补偿。

①因业主原因,E 工作补偿 3 天,H 工作补偿 3 天,G 工作补偿 2 天。

②因业主要求变更设计,F 工作补偿 3 天。

③因公网停电,F 工作补偿 1 天,I 工作补偿 1 天。

答案一:绘网络图 5-6 计算,应补偿的工期为:

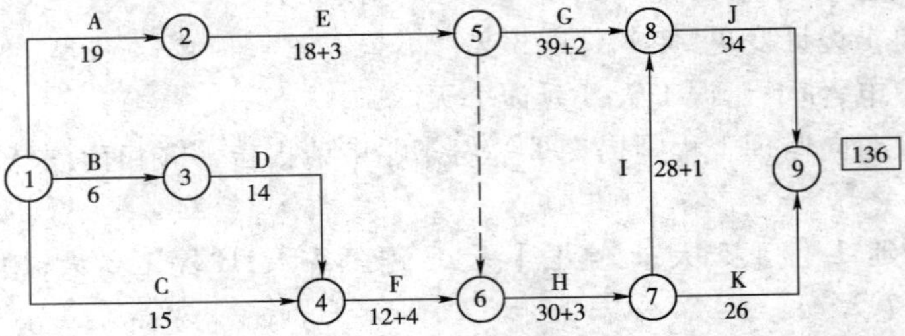

图 5-6 网络图

136 − 129 = 7(天)

监理工程师认可顺延工期 7 天。

答案二:由于非施工单位原因造成的各项工作延误,并未改变原网络计划的关键线路。

G 工作和 F 工作不在关键线路上,时间延误不影响工期。

E、H 和 I 工作在关键线路上,将影响工期。

监理工程师应认可顺延工期 3 + 3 + 1 = 7(天)。

(2)计算索赔额。

①机械窝工费(闲置费):

E 工作　$3 \times 240 \times 60\% = 432$(元)

F 工作　$(3 + 1) \times 70 \times 60\% = 168$(元)

G 工作　$2 \times 55 \times 60\% = 66$(元)

H 工作　$3 \times 70 \times 60\% = 126$(元)

合计:792(元)

②人工窝工费:

E 工作　$3 \times 30 \times 28 \times 60\% = 1512$(元)

F 工作　$4 \times 35 \times 28 \times 60\% = 2352$(元)

G 工作　$2 \times 15 \times 28 \times 60\% = 504$(元)

H 工作　$3 \times 35 \times 28 \times 60\% = 1764$(元)

I 工作　$1 \times 20 \times 28 \times 60\% = 336$(元)

合计:6468(元)

③因属暂时停工,间接费损失不予补偿。

④因属暂时停工,利润损失不予补偿。

结论:经济补偿合计为 792 + 6468 = 7260(元)

2. 监理工程师可直接签认该项经济索赔,因经济补偿金额未超过 10000 元的批准权限。

监理工程师审核签证工期顺延证书应报业主审查批准,因工期顺延天数超过了监理工程师 5 天的批准权限。

案例 20

背景材料

某工程建设项目的施工合同总价为5000万元,合同工期为12个月,在施工过程中由于业主提出对原设计进行修改,使施工单位停工待图1个月。在基础施工时,施工单位为保证工程质量,自行将原设计要求的混凝土强度等级由C18提高到C20。工程竣工结算时,施工单位向监理工程师提出费用索赔如下:

1. 由于业主方修改设计图纸延误1个月的有关费用损失:

人工窝工费用损失 = 月工作日 × 日工作班数 × 延误月数 × 工日费 × 每班工作人数

即:

$$20 \times 2 \times 1 \times 30 \times 30 = 3.6(\text{万元})$$

机械设备闲置费用损失 = 月工作日 × 日工作班数 × 每班机械台数 × 延误月数 × 机械台班费

$$= 20 \times 2 \times 2 \times 1 \times 600\ \text{元} = 4.8(\text{万元})$$

现场管理费 = 合同总价 ÷ 工期 × 现场管理费率 × 延误时间

$$= 5000 \div 12 \times 1.0\% \times 1 = 4.17(\text{万元})$$

公司管理费 = 合同价 ÷ 工期 × 公司管理费率 × 延误时间

$$= 5000 \div 12 \times 6\% \times 1 = 25.0(\text{万元})$$

利润 = 合同总价 ÷ 工期 × 利润率 × 延误时间

$$= 5000 \div 12 \times 5\% \times 1 = 20.83(\text{万元})$$

合计:58.40(万元)

2. 由于基础混凝土强度等级的提高导致费用增加10万元。

问题

1. 监理工程师是否同意接受施工单位提出的索赔要求?为什么?

2. 施工单位提出索赔,一般应按什么程序进行?

3. 如果施工单位按照规定的索赔程序提出了上述费用索赔的要求,监理工程师是否同意施工单位所提索赔费用的计算办法?

4. 监理工程师做出的《索赔处理决定》是不是终局性的?对当事双方有无强制性约束力?

答案

1. 监理工程师不同意接受施工单位的索赔要求。

因为施工单位所提的索赔要求不符合一般索赔程序的常规。通常,施工单位应当在索赔事件发生后的28天内,向监理工程师递交索赔意向通知,表示索赔的愿望和要求。如果超过期限,监理工程师和业主有权拒绝其索赔要求。本工程的施工单位是在竣工结算时才提出该项索赔要求,显然已超过索赔的有效期限。

2. 索赔程序通常可按以下步骤进行:

(1)在索赔事件发生后的28天内,施工单位向监理工程师提交索赔意向通知,表达其索赔要求。

(2)索赔准备。在索赔事件发生后,提交索赔报告前,应进行以下主要的准备工作:

①对索赔事件进行调查,了解事件经过、前因后果,掌握详情;

②损害事件原因分析,分析引起的原因及明确责任的承担,应当是非承包商责任的损害事件才可能提出索赔;

③明确索赔根据及理由,只有符合合同规定的索赔要求才能成立;

④损失调查,主要是收集、分析有关资料,以及在此基础上计算索赔值;

⑤收集证据,并在索赔事件持续期间一直保持有完整的当时记录(亦称同期记录),这些都是索赔要求有效的前提条件;

⑥起草索赔报告,它是在上述各项工作的基础上提出的,它表达了承包商的索赔要求和详细依据。

(3)提交索赔报告。在索赔意向通知提交后的28天内(或监理工程师可能同意的合理时间内),承包商应递交正式的索赔报告。报告中应包括:事件发生的原因、有关有权益影响的证据资料、索赔依据、索赔要求的经济补偿和工期延长的详细计算等。

如果索赔事件的影响持续存在,28天内不能算出索赔数额时,承包商还应按监理工程师合理要求的间隔时间,通常为每28天定期报出一个时间段的索赔证据和索赔要求。在该索赔事件的影响结束后的28天内,提出最终的详细报告,提出索赔论证资料和累计索赔额。

(4)监理工程师审查索赔报告。首先认真研究承包商报送的索赔资料,客观分析判定承包商的索赔是否成立。其次,在承包商索赔成立的条件下,进一步审查其索赔要求和计算,排除其中不合理部分,确定合理的数额。

索赔成立的条件是:

①按合同规定的程序提交索赔意向通知和索赔报告;

②索赔事件造成了承包商的额外费用或工期损失;

③造成损失的原因不属于承包商的行为责任或风险责任。

(5)监理工程师与承包商协商补偿达到共识。如不能达到共识,监理工程师可在授权范围内做出处理决定,通知承包商并抄送业主。如批准额度超过权限,则应报业主批准。

(6)监理工程师对索赔的处理决定。监理工程师在收到承包商送交的索赔报告和资料后,应于28天内给出答复或要求承包商进一步补充,若28天内未做出答复或进一步要求,则视为已认可该项索赔。在经过认真分析研究,并与承包商及业主广泛讨论后,监理工程师应向业主及承包商提出自己的《索赔处理决定》。

(7)业主审查索赔处理。监理工程师确定的索赔额超过其权限范围时,应报业主批准。索赔报告经业主批准后,监理工程师即可签发有关证书,补偿款列入下期进度支付证书内,延长的工期加入原合同中。

(8)承包商对最终索赔处理的决定。承包商如接受最终处理决定,该项索赔事件的处理即可结束。如承包商不同意接受,则形成合同争议,须通过协商解决。否则,可提请仲裁解决。

3. 监理工程师对所提索赔额的处理意见:

(1)由于业主图纸延误造成的人工窝工及机械闲置费用损失,应给予补偿。但原计算方法不当,人工费不应按工日计算,机械费用不应按台班费计算,而应按人工及机械的闲置费(机械折旧费或租赁费)计算。若人工或机械调做其他工作,可考虑生产效率下降而导致的费用增加。

(2)管理费的计算(公司管理及现场管理费)不能以合同总价为基数乘以相应费率,而应以直接费用为基数乘以费率来计算。

(3)利润已包括在各项工程内容的价格内,除工程范围变更和施工条件变化引起的索赔可考虑利润补偿外,由于延误工期并未影响削减某项工作的实施而导致利润减少,故不应再给予利润补偿。

(4)由于提高基础混凝土强度等级而导致的费用增加,是属于施工单位本身所采取的技术措施,不是业主方的要求,也不是设计、合同及规范的要求,所以这部分费用应由施工单位自行承担。

4. 监理工程师做出《索赔处理决定》不是终局性的,对业主和承包商都不具有强制性的约束力。

如果任何一方认为该处理决定不公正,都可提请监理工程师重新考虑,或向监理工程师提供进一步的证明,要求监理工程师作适当的修改、补充或让步。如监理工程师仍坚持原决定,或承包商仍不同意新的决定,可按合同中有关条款,提请仲裁。

案例 21

背景材料

某业主计划将拟建的工程项目在实施阶段委托某监理公司进行监理,业主在监理合同草案中提出以下内容:

1. 除非因业主原因发生时间延误外,任何时间延误监理单位应付相当于施工单位罚款的20%给业主,如工期提前,监理单位可得到相当于施工单位工期提前奖励20%的奖金。

2. 工程图纸出现设计质量问题,监理单位应付给业主相当于设计单位设计费的5%的赔偿。

3. 施工期间每发生一起施工人员重伤事故,监理单位应受罚款1.5万元;发生一起死亡事故,监理单位受罚款3万元。

4. 凡由于监理工程师发生差错、失误而造成重大的经济损失,监理工程师应付给业主一定比例(取费费率)的赔偿费;如不发生差错、失误,则监理单位可得到全部监理费。

经过双方的商讨,对合同内容进行了调整与完善,最后确定了工程建设监理合同的主要条款,包括:监理的范围和内容、双方的权利和义务、监理费的计取与支付、违约责任和双方约定的其他事项。

问题

1. 该监理合同是否已包括了主要的条款内容？

2. 在该监理合同草案中拟订的几个条款中是否有不妥？为什么？

3. 如果该合同是一个有效的经济合同，它应具备什么条件？

答案

1. 该监理合同已经包括了主要的条款内容。

根据背景材料，双方对合同内容商讨后，约定合同中包括了监理的范围和内容、双方的权利和义务、监理费的计取与支付、违约责任和双方约定的其他事项等内容。根据《监理合同》(示范文本)中对监理合同内容的要求及合同管理教材，该合同包含了应有的主要条款。

2. 监理合同草案中拟定的几条均不妥，原因如下：

首先监理工作的性质是服务性的，监理单位"将不是，也不能成为任何承包商的工程的承保人或保证人"，将设计、施工出现的问题与监理单位直接挂钩，与监理工作的性质不符。

其次，监理工程师应是与业主和承包商相互独立、平等的第三方，为了保证其独立性与公正性，我国建设监理法规文件中明文规定，监理单位不得与施工、设备制造、材料供应等单位有隶属关系或经济利益关系，在合同中若写入以上条款，势必将监理单位的经济利益与承建商的利益联系起来，不利于监理工作的公正性。

第三，第3条中对于施工期间施工单位施工人员的伤亡，业主方不承担任何责任，监理单位的责、权、利主要来源于业主委托授权，业主不承担的责任，合同中要求监理单位承担，也是不妥的。

第四，在《监理合同》(示范文本)中规定"监理人在责任期内应当履行约定的义务，如果因监理人过失而造成委托人经济损失的，应向委托人赔偿。累计赔偿总额不应超过监理报酬总额"。本合同中对"重大经济损失"、"监理单位赔偿比例"等的说明均不明确。

3. 若该合同是一个有效的经济合同，应满足以下基本条件：

(1)主体资格合法，即业主和监理单位作为合同双方当事人，应当具有合法的资格。

(2)合同内容应合法，即内容应符合国家法律、法规，真实表达双方当事人的意思。

(3)订立程序合法，形式合法。

案例22

背景材料

某工程项目，业主甲分别与监理单位乙和施工单位丙签订了施工阶段委托监理合同和施工合同。在委托监理合同中对于业主(甲方)和监理单位(乙方)的权利、义务和违约责任的某些规定如下：

1. 乙方在监理工作中应维护甲方的利益。

2. 施工期间的任何设计变更必须经过乙方审查、认可并发布变更令方为有效并付诸实施。

3. 乙方应在甲方的授权范围内对委托的工程项目实施施工监理。

4. 乙方发现工程设计中的错误或不符合工程质量标准的要求时,有权要求设计单位更改。

5. 乙方监理仅对本工程的施工质量实施监督控制,进度控制和费用控制任务由甲方行使。

6. 乙方有审核批准索赔权。

7. 乙方对工程进度款支付有审核签认权;甲方有独立于乙方之外的自主支付权。

8. 在合同责任期内,乙方未按合同要求的职责认真服务,或甲方违背对乙方的责任时,均应向对方承担赔偿责任。

9. 由于甲方严重违约及非乙方责任而使监理工作停止半年以上的情况下,乙方有权终止合同。

10. 甲方违约应承担违约责任,赔偿乙方相应的经济损失。

11. 在施工期间工地每发生一起人员重伤事故,乙方应受罚款 1 万元;发生一起死亡事故受罚 2 万元;发生一起质量事故,乙方应付给甲方相当于质量事故经济损失 5% 的罚款。

12. 乙方有发布开工令、停工令、复工令的权利。

问题

以上各条中有无不妥之处?怎样才是正确的?

答案

合同中各项条款的处理情况如下:

1. 不妥,正确的应当是:乙方在监理工作中应当公正地维护有关方面的合法权益。

2. 不妥,正确的应当是:设计变更的审批权在业主,任何设计变更须经乙方审查并报业主审查、批准、同意后,再由乙方发布变更令,实施变更。

3. 正确。

4. 不妥,正确的应当是:乙方发现设计错误或不符合质量标准要求时,应报告甲方要求设计单位改正并向甲方提供报告。

5. 不妥,因为三大控制目标是相互联系、相互影响的,《监理规范》也规定应对三目标进行全面控制与管理。正确的应当是:监理单位有实施工程项目质量、进度和费用三方面的监督控制权。

6. 不妥,乙方仅有索赔审核权及建议权,而无批准权。正确的应当是:乙方有审核索赔权,除非有专门约定外,索赔的批准、确认应通过甲方。

7. 不妥,正确的应当是:在工程承包合同议定的工程价格范围内,乙方对工程进度款的支付有审核签认权;未经乙方签字确认,甲方不得支付工程款。

8. 正确。

9. 正确。

10. 正确。

11. 不妥,正确的应当是:因乙方的过失而造成经济损失,乙方应向甲方进行赔偿,累计赔偿总额不应超出监理酬金总额(扣除税金)。

12. 不妥,正确的应当是:乙方在征得甲方同意后,有权发布开工令、停工令、复工令。

案例23

背景材料

监理单位承担了某工程的施工阶段监理任务,该工程由甲施工单位总承包。甲施工单位选择了经建设单位同意并经监理单位进行资质审查合格的乙施工单位作为分包。施工过程中发生了以下事件:

事件1:专业监理工程师在熟悉图纸时发现,基础工程部分设计内容不符合国家有关工程质量标准和规范。总监理工程师随即致函设计单位要求改正并提出更改建议方案。设计单位研究后,口头同意了总监理工程师的更改方案,总监理工程师随即将更改的内容写成监理指令通知甲施工单位执行。

事件2:施工过程中,专业监理工程师发现乙施工单位施工的分包工程部分存在质量隐患,为此总监理工程师同时向甲、乙两施工单位发出了整改通知。甲施工单位回函称:乙施工单位施工的工程是经建设单位同意进行分包的,所以本单位不承担该部分工程的质量责任。

事件3:专业监理工程师在巡视时发现,甲施工单位在施工中使用未经报验的建筑材料,若继续施工,该部分将被隐蔽。因此,立即向甲施工单位下达了暂停施工的指令。因甲施工单位的工作对乙施工单位有影响,乙施工单位也被迫停工。同时,指示甲施工单位将该材料进行检验,并报告了总监理工程师。总监理工程师对该工序停工予以确认,并在合同约定的时间内报告了建设单位。检验报告出来后,证实材料合格,可以使用,总监理工程师随即指令施工单位恢复了正常施工。

事件4:乙施工单位就上述停工自身遭受的损失向甲施工单位提出补偿要求,而甲施工单位则称此次停工是执行监理工程师的指令,乙施工单位应向建设单位提出索赔。

事件5:对上述施工单位的索赔,建设单位称本次停工是监理工程师失职造成,且事先未征得建设单位同意。因此,建设单位不承担任何责任,由于停工造成施工单位的损失应由监理单位承担。

问题

1. 请指出总监理工程师上述行为的不妥之处并说明理由。总监理工程师应如何正确处理?

2. 甲施工单位的答复是否妥当？为什么？总监理工程师签发的整改通知是否妥当？为什么？

3. 专业监理工程师是否有权签发本次暂停令？为什么？下达工程暂停令的程序有无不妥之处？请说明理由。

4. 甲施工单位的说法是否正确？为什么？乙施工单位的损失应由谁承担？

5. 建设单位的说法是否正确？为什么？

分析要点

本题中涉及的问题范围广，可根据《监理规范》、《施工合同》（示范文本）及《监理合同》（示范文本）以及合同管理教材中有关内容回答。

答案

针对上述5项事件的5个问题，逐个解答如下：

1. 总监理工程师不应直接致函设计单位。

因为监理人员无权进行设计变更。正确处理应当是，发现问题应向建设单位报告，由建设单位向设计单位提出变更要求。

2. 甲施工单位的答复不妥。

因为分包单位的任何违约行为导致工程损害或给建设单位造成的损失，总承包单位承担连带责任。

总监理工程师签发的整改通知，不妥。因为整改通知应签发给甲施工单位，因乙施工单位与建设单位没有合同关系。

3. 专业监理工程师无权签发《工程暂停令》。

因为这是总监理工程师的权力。下达工程暂停令的程序有不妥之处。理由是专业监理工程师应报告总监理工程师，由总监理工程师签发工程暂停令。

4. 甲施工单位的说法不正确。

因为乙施工单位与建设单位没有合同关系，乙施工单位的损失应由甲施工单位承担。

5. 建设单位的说法不正确。

因为监理工程师是在合同授权内履行职责，施工单位所受的损失不应由监理单位承担。

案例24

背景材料

某港口码头工程，在签订施工合同前，业主即委托一家监理公司协助业主完善和签订施工合同，以及进行施工阶段的监理，监理工程师查看了业主（甲方）和施工单位（乙方）

草拟的施工合同条件后，注意到有以下一些条款。

1. 乙方按监理工程师批准的施工组织设计（或施工方案）组织施工，乙方不应承担因此引起的工期延误和费用增加的责任。

2. 甲方向乙方提供施工场地的工程地质和地下主要管网线路资料，供乙方参考使用。

3. 乙方不能将工程转包，但允许分包，也允许分包单位将分包的工程再次分包给其他施工单位。

4. 监理工程师应当对乙方提交的施工组织设计进行审批或提出修改意见。

5. 无论监理工程师是否参加隐蔽工程的验收，当其提出对已经隐蔽的工程重新检验的要求时，乙方应按要求进行剥露，并在检验合格后重新进行覆盖或者修复。检验如果合格，甲方承担由此发生的经济支出，赔偿乙方的损失并相应顺延工期。检验如果不合格，乙方则应承担发生的费用，工期应予顺延。

6. 乙方按协议条款约定时间应向监理工程师提交实际完成工程量的报告。监理工程师接到报告7天内按乙方提供的实际完成的工程量报告核实工程量（计量），并在计量24小时前通知乙方。

问题

请逐条指出以上合同条款中的不妥之处，并提出应如何改正。

答案

1. "乙方不应承担因此引起的工期延误和费用增加的责任"不妥。

改正：乙方按监理工程师批准的施工组织设计（或施工方案）组织施工，不应承担非自身原因引起的工期延误和费用增加的责任。

2. "供乙方参考使用"不妥。

改正：保证资料（数据）真实、准确（或作为乙方现场施工的依据）。

3. "再次分包"不妥。

改正：不允许分包单位再次分包。

4. 不妥。

改正：乙方应向监理工程师提交施工组织设计，供其审批或提出修改意见；或监理工程师职责不应出现在施工合同中。

5. "检验如果不合格，工期应予顺延"不妥。

改正：工期不予顺延。

6. "监理工程师按乙方提供的实际完成的工程量报告核实工程量（计量）"不妥。

改正：监理工程师应按设计图纸对质量合格的已完工程量进行计量。

案例 25

背景材料

某大型工程项目的地基处理工程采用强夯处理的方法，主要分项工程包括土方开挖、填筑、点夯、满夯等。由于工程量难以准确确定，采用单价合同发包给某专业基础公司施工。合同规定，承包方应严格按施工图纸和合同要求施工，工程量由监理方负责计量，并根据承包方取得计量证书的工程量进行结算。

根据该工程的合同规定及特点，监理工程师提出计量支付的程序要点如下：

1. 对已完分项工程向业主提出申请质量认证。
2. 在协议约定的时间内向监理工程师提出申请计量。
3. 监理工程师对实际完成的工程量进行计量，签发计量证书给承包方。
4. 承包方凭质量认证和计量证书向业主提出付款的申请。
5. 监理工程师复核申报的资料，确定支付款额，批准向承包方付款。

问题

1. 试改正上述程序不恰当与错误之处。

2. 如果不考虑本工程合同的特点，按照一般的工程计量通常做法，其工程计量的程序要点是什么？

答案

1. 根据本工程合同的特点，正确的计量支付程序要点是：

(1)承包方对已完工的分项工程向监理工程师提出申请检查验收和质量认证。

(2)承包方在取得质量认证后，在协议约定的时间内，向监理工程师申请计量。

(3)监理工程师按规定的计量方法，对合同规定范围内的工程量进行计量，向承包方签发计量证书。

(4)承包方凭质量认证和计量证书向监理工程师提出付款申请。

(5)监理工程师审核该申请资料，确定应支付款额，向业主提交付款证明文件，以便业主据以支付。

2. 按照一般计量支付的通常做法，计量支付程序的要点是：

(1)承包方按合同约定的时间，对已经经过监理方检查、确认质量合格的已完工程，经过计量后向监理工程师提交已完工程量报告。

(2)工程师接到该报告后 7 天内按图纸核实已完工程量(简称计量)，并在计量前 24 小时通知承包方派人参加。若承包方不参加，监理方(发包方)自行计量的结果有效，作为工程价款的依据。超出设计图纸要求的范围或承包方原因造成返工的工程量不予计时。

(3)若工程师收到报告后 7 天内未进行计量，从第 8 天起，承包方报告中提出的工程量即视为已被工程师确认,可作为支付工程款的依据。

(4)若工程师不按约定时间通知承包方,使承包方未能参加计量,计量结果无效。

(5)工程师签署计量支付证书,发包方据以支付工程价款。

案例 26

背景材料

某工程项目业主与某施工单位签订了施工承包合同,并与某监理单位签订了施工监理合同。合同签订后,总监理工程师及时组建了监理机构,并组织专业监理工程师编制了监理规划和相应的监理实施细则。在开工前后的施工准备阶段实施监理时,遇到了以下的一些情况。

1. 在施工合同专用条款中约定的开工日之前4天,施工承包单位派人口头通知监理工程师,以施工机械因故未能到场为由要求申请延期开工。监理工程师以其口头通知无效为由不予理睬。

2. 在投标期间承包方未在标书中提出分包要求。中标后,在合同约定开工日之前10天,承包方以地质条件复杂为由,书面申请将基础工程施工分包给某专业基础工程施工公司,并提交了分包商资质材料。此外,还以工期紧张为理由,书面要求将主体工程的一部分分包给某个一级工程承包公司。

3. 在招标阶段,业主在招标文件中指定要求将基础工程分包给业主推荐的某基础承包企业。施工单位中标后,与业主推荐的基础承包企业签订了分包合同。在施工中,由于分包单位的失误,质量不符合要求,因返工而延误了工期并造成一定的损失,总承包单位以分包单位是业主方指定的为由,为此总包不承担责任,而应由业主方承担。

4. 施工合同约定业主应按规定的时间提供图纸7套,但施工单位要求业主多提供2套图纸。试问施工图纸的费用应由谁承担?如果在基础施工前,业主未能按期提供相应的图纸,使施工延误了一周。承包方为此提出了延长工期一周及补偿相应经济损失的要求。

5. 在合同约定的工程开工日前某个规定的时间,承包方按时提交了施工组织设计和施工进度计划,监理工程师及时进行了审查,并予以确认和批准。此后,承包方在按施工组织设计组织施工时,发现施工方案有缺陷,造成安全事故,延误了工程进度。为此,承包方以施工组织设计经监理工程师审查认可,监理工程师应承担相应责任为理由而提出索赔要求。

6. 按合同约定,发包人应在约定的开工日前7天向承包人支付相当于合同额20%的工程预付款。但在合同约定的支付日发包人以资金未到位为由而未支付。而且,承包人到约定支付日之后的第8天仍未收到预付款。为此,承包人向发包人发出支付要求的书面通知。但此后仍未见发包方支付,承包方乃于开工后的第10天停止了施工,并要求发包人承担由此造成的一切损失,并承担由约定支付日起算的利息。

问题

承包方的做法是否正确？

分析要点

本题主要涉及在施工准备阶段合同管理的开工、分包、图纸、施工组织设计与施工进度计划、工程预付款等有关内容。

答案

1. 承包方的做法不恰当。

因为根据《施工合同》（示范文本）第三.11 条款规定，承包人不能按时开工，应当不迟于合同约定的开工日期前7天，以书面形式向工程师提出延期开工的理由和要求。本例中，承包方在开工日前4天才口头通知工程师，显然不符合合同约定。按合同文本规定，承包人未在合同协议书约定的时间内提出延期开工要求，工期不能顺延。此外，监理工程师未给予回答也不够妥当，应当在承包人提出口头要求时即提出其做法不符合合同规定程序。但这不应影响对承包方提出要求的否定。

2. 监理工程师对于要求基础施工分包可以允许，但部分主体工程分包是不能同意的。

根据有关法规对工程分包的规定，主要有：

(1)未经发包人同意，承包人不得将承包工程的任何部分分包。

(2)主体工程不能分包，主要工程量必须由承包人完成。不允许承包人将工程肢解后以分包名义转包出去。

(3)经发包人同意的分包工程，承包人选择的分包人需提请监理工程师审查其资质与能力，审查同意后方允许分包人进场施工。

(4)工程分包不解除承包人应承担的任何责任和义务。

(5)发包人未经承包人同意，不得以任何形式向分包人支付工程款。工程分包款应由承包人支付。

3. 承包单位的做法不正确。

因为工程分包并不能解除承包人应承担的责任和义务。

4. 合同约定的业主应提供的图纸份数是由业主免费提供的。而施工承包单位要求额外多提供的2套图纸费用则应由承包人支付。

由于业主延误提交图纸而使施工延误了一周，监理工程师应同意按实际影响工期的天数给承包方延长工期，并由业主补偿由此导致承包方窝工的经济损失。

5. 监理不能同意其索赔要求。

因为工程师对进度计划和对承包人施工进度的认可，不免除承包人对施工进度计划和施工组织设计的缺陷所应承担的责任。

6. 承包方的做法正确，符合一般合同规定的预付款管理程序。

因为一般合同规定，发包人不按约定预付时，承包人可在约定预付时间7天后向发包人发出要求预付的通知。本例承包人在预付时间未收到后的第8天发出书面要求的通知符合规定。在开工后第10天承包方停止施工,也符合一般合同规定在发出要求预付通知7天(相当于开工后第8天)仍未见预付时可以停止施工的规定,以及发包人应从约定应付之日起向承包人支付贷款利息和承担违约责任的规定。

案例27

背景材料

某国际工程系世界银行贷款项目,按FIDIC合同条件签订了施工合同。在施工中,发现高程产生差错,监理工程师书面指令暂停施工,事件发生后15天,承包方根据重新放线复查结果,正式书面通知监理工程师要求索赔,并于事件发生后35天提交了索赔报告,提出了索赔数额及有关证据,工程按有关合同条款及索赔程序进行了处理。

问题

1. 工程师审查索赔事实时应做哪些查证工作?不同情况如何处理?

2. 如果由于工程师提供的有差错的资料而导致承包方停工,由此产生的费用索赔是否应包括利润?为什么?

3. 如果承包方已按工程师提供的有差错放线资料实施,承包方对已完工程进行补救而增加了费用索赔是否应包括利润?为什么?

答案

1. 工程师应做如下查证工作及相应处理:

(1)检查承包方的索赔申请是否符合索赔程序及时效要求。

(2)应检查承包方对地面桩或控制点的保证工作及有关资料。若查明事件原因是由于承包方的保护不善,使其发生移位或变动等所致,则应由承包方承担纠正差错的所有费用。

(3)应检查承包方施工放线的方法、仪器及操作记录。若是由于方法不当、仪器精度可用性问题或操作有误,因而导致差错,则也应由承包方承担责任。

(4)核查工程师所提供的资料的正确性。若是由所提供资料的差错造成,应批准承包方的费用索赔要求。

2. 不应包括利润。

因为利润是包括在工程施工项的价格(综合单价)内,未施工仅停工,其损失费用不应包括利润。

3. 应包括利润。

因为利润应包括在施工费用中,所以对已完工程进行补救及改正的费用应计入利润。

第六章

公路工程质量管理

知识体系

1. 工程参建各方(业主方、承包方、监理方、设计方、材料设备生产供应方)的质量责任;

2. 工程参建各方的质量控制;

3. 施工阶段质量控制的手段;

4. 工程变更及工程质量事故的处理;

5. 工程施工质量评定与验收。

案例 1

背景材料

某市为改善该市与所属县的交通状况,依据路网规划做了必要的前期准备工作后,决定再行修建一条一级公路。在项目进行过程中出现了以下问题:

1. 建设单位首先通过招投标选择了外省的一家甲级公路勘察设计院承担该路的勘察设计工作。

2. 在该项目施工招标前先进行了监理招标,该项目共分为 A、B、C、D 四个标段,因设计单位在工程勘察设计过程中与建设单位建立了良好的关系,所以建设单位直接把 A 标驻地监理交给了该设计单位的监理公司(其资质满足要求)。

3. 在进行公开招标后确定了各标段的承包商,开工前组织了施工图设计审查和设计交底,在施工过程中由于建设单位管理人员不足,所以把工程质量的检查工作全部交给监理单位来承担。

4. 在施工前设计单位按规定按时交纳了合格的设计文件,但在施工过程中因该设计单位设计任务过多,因而未派驻设计代表。

5. 承担 B 标工程施工的承包商在某中桥施工过程中发现有片 T 梁翼板出现一条长 6m、宽 2mm 的细小裂缝,因监理未发现便偷偷将其安装。

6. 承担 B 标驻地监理任务的监理单位,没有相应的试验监理工程师,为保证工程质量的监督,该单位在某交通学院聘请了 10 名师生来加强试验监督工作。

问题

试就上述背景资料中出现的问题逐条进行分析，哪些是正确的？哪些是错误的？应由谁承担所出现问题的责任？为什么？

分析要点

本案例主要是考察对我国《公路工程质量管理办法》（以下简称《办法》）的掌握程度，要求对其中所规定的建设各方在公路工程建设过程中所应承担的质量责任有所掌握。

答案

根据《办法》的规定，可知：

1. 第 1 条是正确的。该问题是业主应承担的责任。

《办法》中第十二条规定：建设单位要按照国务院交通主管部门规定，通过招标选择具有相应资质的勘察设计单位。通过背景资料可知，该设计单位资质等级满足要求，且是通过招投标承担的设计任务。

2. 第 2 条是错误的。该问题是业主应承担的责任。

《办法》中第十二条规定：建设单位应严格履行基本建设程序，通过招标选择具有相应资质的监理单位。第十三条规定：设计单位不得承担本单位设计项目的监理任务。

3. 第 3 条：

第 3 条中建设单位在进行公开招标后确定了各标段的承包商，开工前组织了施工图设计审查和设计交底，这是正确的；但在施工过程中由于建设单位管理人员不足，所以把工程质量的检查全部交给监理单位去承担却是错误的，在施工过程中建设单位应该对施工质量进行检查。

4. 第 4 条：

第 4 条中在施工前设计单位按规定按时交纳了合格的设计文件是正确的，也是设计单位应尽的职责；但在施工过程中因该设计单位设计任务过多，因而未派驻设计代表这却是错误的，设计单位应派驻设计代表，这是设计单位应当承担的责任。

5. 第 5 条是错误的，是施工单位应承担的责任。

这是一个质量事故，《办法》中第二十四条明确规定：发生质量事故施工单位必须按规定向监理单位、建设单位及有关部门报告。

6. 第 6 条是错误的，是监理单位应当承担的责任。

《办法》中第二十八条明确规定：监理工程师必须持证上岗，其他监理人员必须经过培训才能上岗。

案例 2

背景材料

×××省道一级公路建设施工过程中，某标段有以下情况发生：

1. 因路基施工期雨量大且雨期长，致使该标段的一段长 780m 的高填方路段未能按时完工，为不影响整个工程项目的总工期，施工单位在该填方路基未完工时即报请省质检站对已完路基工程进行了检验，并鉴定为合格工程。

2. 路基验收后马上进行了路面下面层的施工，在该高填方段完工时恰好下面层施工至此，施工单位为抢工期，该段高填方路基没有再请省质检站检验即进行了下面层施工。

3. 在路面面层施工过程中，各承包商所用道路沥青均由省物资采购站供应，并且业主与采购站签订了采购合同，但工地中心实验室发现沥青含蜡量超标，后施工单位拒绝使用并要求退货。经省质检站委托第 3 方具有相应资质的质量检测中心复检发现该项指标还是不合格，但物资采购站解释说这是由业主指定的生产厂家提供的沥青，责任不在物资采购站。

问题

试就上述背景资料中所出现的问题进行剖析，请指出对错，并说明原因。

分析要点

本案例主要是考察对我国《公路工程质量管理办法》和《公路工程质量监督检查办法》的掌握程度，要求对《公路工程质量管理办法》中所规定的建设各方在公路工程建设过程中所应承担的质量责任和质量监督部门的工作程序有所掌握。

答案

1. 第 1 条：

施工单位在路基完工即申请质检站检查是不恰当的，首先应该自检合格，然后报请监理检查合格后才能报请质量监督站进行检查。质检站在施工单位路基工程尚未全部完工即对其已完工路基工程进行检查验收没有不妥之处。

2. 第 2 条是错误的。

根据《公路工程质量管理办法》中第三十七条的规定，未经鉴定的工程是不能组织验收的，该段路基工程未经鉴定，将来整个工程是无法竣工验收的。该项问题的出现，施工单位应承担责任，因其未及时向质检站报请检查。

3. 第 3 条：

所出现的问题应当由材料采购部门即省物资供应站负责。根据《公路工程质量管理办法》中第三十、三十一、三十二条的规定：材料的采购单位应对材料的质量负责；具有按合同规定自主采购的权利，任何单位和个人不得干涉；对检验不合格的产品，施工单位有权拒绝使用。由此可以看出，出现的这些问题应该由材料采购单位负责。当然建设单位干涉材料采购部门购买其指定厂家的材料也是错误的。

案例3

背景材料

某路桥公司中标承建某市一重点道路工程项目。该项目所处位置车辆多、人流多，施工干扰大。为确保工程质量，公司委派具有丰富经验的人员组成项目部，进行工程项目的管理，项目部制订了有关现场质量控制的主要方法及责任制度如下：

1. 采用实验、监督和总结等方法控制现场施工质量。

2. 由项目总工程师来签认负责关于技术文件的审核与分析工作。

3. 现场质量检查控制制度如下：

(1)开工前检查；

(2)工序交接检查与工序检查；

(3)巡视检查。

4. 为保证工程质量，掌握工程质量的情况，采取恰当的方法对工程质量进行分析。

问题

1. 现场施工质量的控制方法是否正确？是否完整？

2. 上述对技术文件的审核与分析工作的责任划分是否正确？

3. 施工现场质量检查控制制度是否完整？若不完整，请补充。

4. 工程质量分析的方法有哪些？

答案

1. 该现场施工质量控制的方法是正确的，但不完整，还应包括测量、观察和分析等。

2. 职责划分是错误的。

技术文件的审核与分析工作应该由项目经理负责。

3. 上述施工现场质量检查控制制度不完整，还应包括：

(1)隐蔽工程检查；

(2)分部、分项工程完工后的检查；

(3)停工后复工前的检查；

(4)成品、材料、机械设备等的检查。

4. 工程质量分析的方法主要有：

频数分布直方图法、因果分析图法、排列图法、相关分析法等。

案例 4

背景材料

为保证水泥混凝土的质量,某桥梁工程所用全部混凝土均由某商品混凝土公司供应,在连续 7 天中对该公司生产的 C30 相同类型的混凝土进行随机抽样检测,每天检测 10 次,检测结果见表 6-1。

某混凝土强度数据　(单位:MPa)　表 6-1

天＼次	1	2	3	4	5	6	7	8	9	10
1	30.5	29.8	32.6	35.7	34.8	32.3	33.5	34.6	36.8	32.5
2	35.2	30.8	31.9	33.6	35.8	29.7	34.5	36.1	32.9	31.3
3	28	31.2	33.3	32.7	36.9	32.4	29.5	34	31.8	33.5
4	33.6	32.7	31.4	33	29.5	35.6	34.2	34.1	33.8	32.9
5	30.5	30.6	33.4	33.4	31.8	34.1	29.5	32.5	32.5	34.6
6	29.2	33.2	32.4	32.5	30.7	34.3	34.1	37.8	31.6	31.4
7	31.6	34.2	35.3	32.7	34.9	33.8	29.3	33.9	35.1	34.4

该桥所用混凝土要求允许超上差为 17%,超下差为 0。

问题

1. 根据所给数据,绘制频数分布直方图。
2. 根据直方图,估算次品率。
3. 根据直方图,判断质量分布状态。
4. 根据直方图,判断该商品混凝土公司的生产加工能力。
5. 根据直方图,判断该混凝土生产的工序能力。

答案

1. 绘制频数分布直方图的步骤如下:

(1)首先通过表 6-1 找出全部数据中的极大值与极小值。

$$X_{max}=37.8(\text{MPa})\qquad X_{min}=28.0(\text{MPa})$$

(2)计算极差值。

$$R=X_{max}-X_{min}=37.8-28.0=9.8(\text{MPa})$$

(3)确定分组数和组距。

因为本组数据总数为 70 个,所以把组数定为 10 组,即 $k=10$。

则组距为:

$$h = R/k = 9.8/10 = 0.98(\text{MPa})$$

(4)确定分组区间。

第1区间下界值 = $X_{min} - h/2 = 28.0 - 0.98/2 = 27.51(\text{MPa})$

第1区间上界值 = $X_{min} + h/2 = 28.0 + 0.98/2 = 28.49(\text{MPa})$

第2区间上界值 = $28.49 + 0.98 = 29.47(\text{MPa})$

第3区间上界值 = $29.47 + 0.98 = 30.45(\text{MPa})$

第4区间上界值 = $30.45 + 0.98 = 31.43(\text{MPa})$

第5区间上界值 = $31.43 + 0.98 = 32.41(\text{MPa})$

第6区间上界值 = $32.41 + 0.98 = 33.39(\text{MPa})$

第7区间上界值 = $33.39 + 0.98 = 34.37(\text{MPa})$

第8区间上界值 = $34.37 + 0.98 = 35.35(\text{MPa})$

第9区间上界值 = $35.35 + 0.98 = 36.33(\text{MPa})$

第10区间上界值 = $36.33 + 0.98 = 37.31(\text{MPa})$

第11区间上界值 = $37.31 + 0.98 = 38.29(\text{MPa})$

(5)统计频数并计算频率(表6-2)。

某混凝土工程强度数据频率计算表 表6-2

序号	分组区间界限值(MPa)	频数	频率
1	27.51~28.49	1	0.0143
2	28.49~29.47	2	0.0285
3	29.47~30.45	5	0.0714
4	30.45~31.43	7	0.1
5	31.43~32.41	10	0.1428
6	32.41~33.39	14	0.2
7	33.39~34.37	16	0.2285
8	34.37~35.35	9	0.1285
9	35.35~36.33	4	0.0571
10	36.33~37.31	2	0.0285
11	37.31~38.29	1	0.0143
合计		70	1

(6)根据已经计算的频数(表6-2)绘制频数直方图,如图6-1所示。

2. 估算次品率。

混凝土次品率的估算:

计算样品的平均值。

$$x = \sum x_i / n = 32.92(\text{MPa})$$

$$s = 2.04558$$

根据背景资料可知该桥所用混凝土要超上限为17%,超下限0。

则:$T_U = 30 + 30 \times 17\% = 35.1(\text{MPa})$

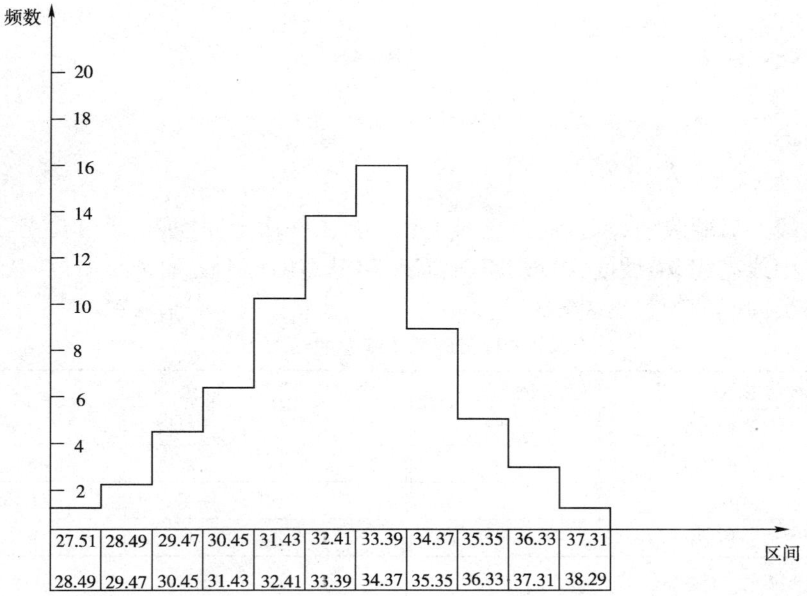

图 6-1　混凝土强度频数直方图

$T_L = 30 + 30 \times 0\% = 30(\text{MPa})$

$K_{T_U} = (T_U - x)/s = (35.1 - 32.92)/2.046 = 1.066$

查正态分布概率系数表，当 $K_{T_U} = 1.066$ 时，相应的概率为 0.1423。

$$K_{T_L} = (T_U - x)/s = (30 - 32.92)/2.046 = -1.427$$

查正态分布概率系数表知，当 $K_{T_L} = -1.427$ 时，相应的概率为 0.0764。

则该批次混凝土的次品概率 = 0.1423 + 0.0746 = 0.2187。

3. 质量分布状态：

根据已绘制的频数分布直方图，可以看出基本呈现正态分布形式，则表明该批次混凝土质量属于正常。

4. 计算商品混凝土公司的生产加工能力。

根据背景资料数据知：

$$PL = X_{max} - X_{min} = 37.8 - 28.0 = 9.8(\text{MPa})$$

$$T = T_U - T_L = 35.1 - 30 = 5.1(\text{MPa})$$

标准界限 T 的中值 = 30 + 5.1/2 = 32.55(MPa)，该中值与样品的平均值 32.92(MPa) 基本接近，但因 $PL > T$，可以看出该公司混凝土加工过程中工序散差过大，产品的分布范围超出了标准的上下界限，说明生产加工能力不足，需要改变生产工艺，提高工序生产能力。

5. 计算混凝土生产的工序能力。

相对偏移量 = 样品的平均值 - 标准界限 T 的中值 = 32.92 - 32.55 = 0.37(MPa)

$$C_{PK} = C_P(1 - K) = T/6s \times [1 - 0.37/(T/2)] = 0.355$$

由于 $C_{PK} < 1$，说明分布要求不能满足公差要求，虽然从检测数据上看只有个别样品不合格，但由此可看出工序生产能力不能满足要求，应立即采取措施改变工艺条件。

案例5

背景材料

某公路竣工后验收前，承包商自己对工程进行了一次全面检查，通过检查看出在弯沉值、平整度、中线高程、横坡度、纵坡、路面宽度、路基宽度等七方面都有质量问题。上述各方面出现质量问题的频数见表6-3。

本工程出现质量问题的频数　　表6-3

序　号	检查项目	频　数	序　号	检查项目	频　数
1	弯沉值	25	5	纵坡	15
2	平整度	33	6	路面宽度	6
3	中线高程	52	7	路基宽度	12
4	横坡度	31			

问题

根据所给材料绘制排列图。

答案

按照背景资料的检查项目分别进行频率计算，并且按频数出现的多少进行先后排序，然后进行频率累加计算，计算结果见表6-4。

根据表6-4的计算结果可以做出排列图，如图6-2所示：

频率累加计算结果表　　表6-4

序号	检查项目	频　数	频　率	累计频率
1	中线高程	52	0.299	0.299
2	平整度	33	0.2	0.499
3	横坡	31	0.178	0.677
4	弯沉值	25	0.144	0.821
5	纵坡	15	0.086	0.907
6	路基宽度	12	0.069	0.976
7	路面宽度	6	0.034	1
合计		174	1	

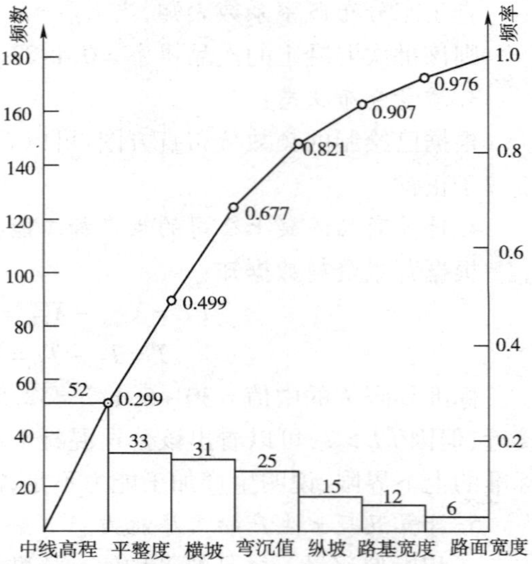

图6-2　道路质量分析排列图

由图6-2可以看出，影响该路的主要质量因素是中线高程、平整度和横坡。如果在施工过程中加大力度解决这三个方面的质量问题，就能很大程度地提高工程质量（可以减少66.7%

的不合格率)。

案例 6

背景材料

某省高速公路水泥混凝土路面工程,建设单位为保证工程质量,通过严格的招标投标程序确定了 A 标的施工单位,该承包商施工技术力量雄厚,管理经验丰富。

开工前施工单位递交了开工报告,内附详细的施工组织设计,业主和监理工程师共同对该施工组织设计进行了严格审查后批复。

在施工过程中,施工单位力求建设优良工程,所以进行了严格的质量控制,针对确定的质量控制点,采取了相应的质量通病的预防措施。

工程竣工半年以后,发现该标段终点有连续十余块路面板断裂。

问题

1. 试述施工组织审查的内容。

2. 请说明水泥混凝土路面施工的质量控制点。

3. 请说明影响工程质量的因素。

4. 假设该水泥混凝土路面板断裂问题的出现与原材料、配合比、浇注、养生有关,请绘制出可能引起该质量问题出现的因果分析图。

答案

1. 施工组织审查的主要内容包括:

(1)施工部署及总计划的审查;

(2)施工进度计划的审查;

(3)施工方案的审查(包括施工顺序、施工机具、施工方法、施工组织方法等);

(4)平面布置图的审查;

(5)施工准备工作计划的审查;

(6)各项(材料、劳动力、构件、机具、运输等)需用量计划的审查;

(7)安全、消防等技术管理措施的审查;

(8)技术经济指标的审查。

2. 水泥混凝土路面施工中常见的质量控制点包括:

(1)基层的强度、平整度、高程的检查与控制;

(2)混凝土材料的检查与控制;

(3)混凝土配合比设计与试件的试验;

(4)混凝土的摊铺、振动、成型及避免离析;

(5)锯缝时间及养生的掌握。

3. 影响工程质量的因素包括人、材料、设备、方法、测量和环境等方面，即通常说的5M1E，即：
(1)人(Man)，即操作者，指所有工程项目的相关人；
(2)材料(Material)，包括成品、半成品、原材料；
(3)机械设备(Machine)，包括各种施工机械、安装机械及器材等；
(4)施工方法(Method)，包括施工程序、施工工艺、操作方法等；
(5)测量(Measure)，包括各种试验、检验、化验、量测等；
(6)环境(Environment)，包括室内外、季节、地区等方面。
4. 该因果分析图如图6-3所示。

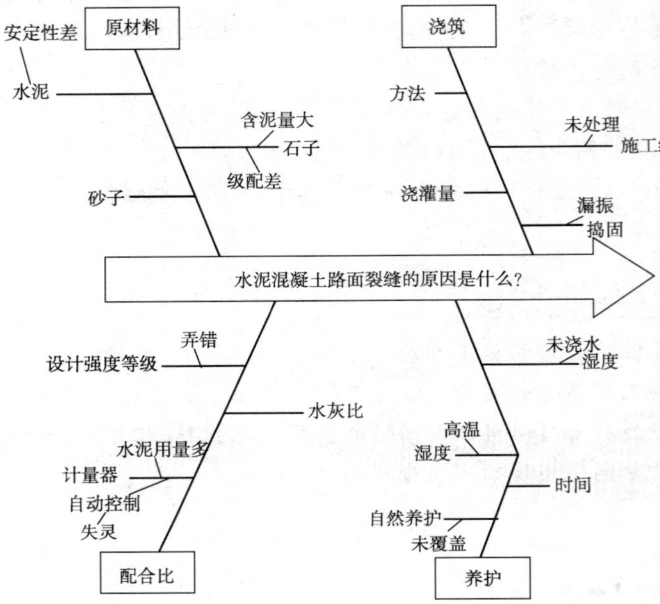

图6-3 水泥混凝土板断裂原因因果分析图

案例7

背景材料

某高速公路工程项目采用国内招标文件范本，采用单价合同，业主委托监理单位进行施工监理，在施工过程中发生了如下事件：

1. 在某水泥混凝土盖板涵涵背回填时，承包商发现图纸与合同文件中技术规范要求不一致，技术规范中要求回填宽度为不小于50cm，塑性指数不大于12的土方，而图纸中规定回填为宽度不小于2m的天然砂砾。承包商认为投标报价是按照技术规范进行的，则按照技术规范施工符合合同要求，而业主认为按图纸施工更能保证工程质量，书面要求监理工程师指示承包商必须按图纸施工。

2. 在施工单位进行某段路堑开挖结束后，业主发现该处纵坡太大，将来行车视距过小，为保证将来行车安全，要求施工单位扩大开挖深度。

3. 在某桥扩大基础工程施工中，承包商发现该桥基础土质承载力不够，必须换填不小于50cm的砂砾，于是向监理提出变更要求。

问题

1. 针对事件1，承包商是否有权拒绝业主的这一要求？承包商该如何做？

2. 针对事件2，业主的做法是否合理？若不合理，应该怎样做？

3. 针对事件3，承包商的要求是否合理？该如何解决这一事件？

答案

1. 承包商无权拒绝业主的这一要求。

因为国内招标文件合同通用条款第51条明确规定：业主有权提出他认为必要的变更。

承包商应该按照业主的要求去执行，但他可以根据合同文件的规定，认为这是业主提出的变更要求，并根据相关条款办理相应的工程变更来维护自己的利益。

2. 业主要求扩大开挖深度是正当的，但做法欠妥。

可以看出，这是发包人提出来的对原设计进行的变更。根据相关规定：发包人如果需要对原设计进行变更，应不迟于14日以书面形式向承包人发出变更通知，承包人没有拒绝的权利，但当变更超过原设计标准或批复的建设规模时，需经原规划部门或其他有关部门审批，并由原设计单位提供工程变更相应的图纸和说明。

3. 承包商要求换填是合理的。

这是承包人提出的对原设计进行的变更。施工中承包人提出的合理化建议涉及对设计图纸的更改，需经工程师同意。工程师同意变更后，也需经原规划部门或其他有关部门审批，并由原设计单位提供工程变更相应的图纸和说明。而承包人单方面决定换填不小于50cm的砂砾这一要求是不行的。

案例8

背景材料

某一级公路建设项目，有一标准跨径为13m的空心板小桥，桥梁基础为两排，共6根长32m、桩径130cm的钻孔灌注桩。在基础工程施工时，由于测量员的错误，将12.6m的桩间距错定为13.65m，而现场施工员在钻孔前未做校核就直接钻孔，待全部钻孔桩施工结束后进行承台施工时才发现了错误。

因桥位不能改变，且因间距及桩径的原因，经项目部研究并报请工程师及业主同意，保留一排桩，对另一排桩进行拆除，然后重新钻孔灌注。

整个事件承包商损失约55万元,并且工期延误了一个月。

问题

1. 该事件是什么性质的事件?

2. 该事件属于哪一类事故?

3. 该事件如何处理?

答案

1. 该事件的性质是质量事故。

2. 公路工程质量事故分为质量问题、一般质量事故及重大质量事故三类。

一般质量事故分为一级一般质量事故、二级一般质量事故、三级一般质量事故三级。

重大质量事故分为一级重大质量事故、二级重大质量事故、三级重大质量事故三级。

该事件是属于二级一般质量事故。

3. 对该事件的处理方法是:

承包人应在质量事故发生后3天内书面上报质量监督站,同时报企业上级主管部门、建设单位、监理单位和省级质量监督站。

质量事故处理要坚持"三不放过"原则,即事故原因不清不放过、事故责任者和群众没有受到教育不放过、没有防范措施不放过。

案例9

背景材料

某二级公路路面工程,路面结构为20cm的白灰土底基层、20cm的水泥稳定砂砾基层、4cm的中粒式沥青混凝土下面层、4cm的沥青玛蹄酯上面层,另有2×1.5m的硬路肩。

工程结束后报请省质量监督站检查验收后投入使用。

面层检查结果见表6-5。

面层检查结果表　　表6-5

序号	检查项目	得分	权值
1	压实度	92	3
2	平整度	88	2
3	弯沉值	86	2
4	渗水系数	87	2
5	抗滑	93	2
6	厚度	94	3

续上表

序 号	检查项目	得 分	权 值
7	中线平面偏位	91	1
8	纵断高程	88	1
9	宽度	98	1
10	横坡	95	1

该面层外观缺陷减分为2分。

问题

1. 试计算该路面面层的评分值。
2. 质量验收的依据是什么?
3. 该项目的质量验收行为是否正确?

答案

1. 计算面层的评分值。

面层得分 $=(92\times3+88\times2+86\times2+87\times2+93\times2+94\times3+91\times1+88\times1+98\times1+95\times1)\div(3+2+2+2+2+3+1+1+1+1)$

$=91$(分)

由于外观缺陷减分为2分,则面层评分值 $=91-2=89$(分)

2. 质量验收的依据为:

(1)批准的可行性研究报告;

(2)批准的工程设计、概算、预算文件;

(3)批准的变更设计文件及图纸;

(4)批准或确认的招标文件及合同文本;

(5)上级机关对合同的指示文件;

(6)交通运输部公布的公路工程标准、规范及国家有关规定等。

3. 该项目的质量验收行为不正确。

公路工程验收分为交工验收和竣工验收两个阶段:

交工验收由建设单位主持,主要是检查施工合同的执行情况和监理工作情况,提出工程质量等级建议。

竣工验收由交通运输部或批准工程初步设计文件的地方交通主管部门主持,主要是全面考核建设成果,总结经验教训,对建设项目进行综合评价,确定工程质量等级。

所以,直接报请质检站验收是不正确的。

第七章

公路工程价款结算与竣工决算

知识体系

1. 费用计划编制的依据、方法、步骤；
2. 投资偏差分析；
3. 工程款支付原则、程序、计算方法；
4. 调值公式及竣工决算。

案例1

背景材料

某建设工程施工合同于2001年12月签订，约定的合同工期为20个月，2002年1月开始正式施工。施工单位按合同工期要求编制了混凝土结构工程施工时标网络计划(图7-1)，并经专业监理工程师审核批准。

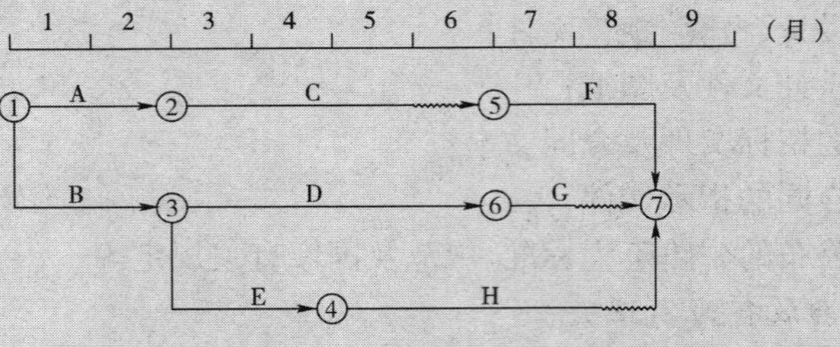

图7-1　混凝土结构工程施工时标网络计划图

该工程项目的各项工作均按最早开始时间安排，且各工作每月所完成的工程量相等。各工作的计划工程量和实际工程量如表7-1所示。工作D、E、F工作的实际持续时间与计划持续时间相同。

合同约定，混凝土结构工程综合单价为1000元/m^3，按月结算。结算价按项目所在地混凝土工程价格指数进行调整，项目实施期间各月的混凝土结构工程价格指数如表7-2所示。

计划工程量与实际工程量　　表 7-1

工　作	A	B	C	D	E	F	G	H
计划工程量(m^3)	8600	9000	5400	10000	5200	6200	1000	3600
实际工程量(m^3)	8600	9000	5400	9200	5000	5800	1000	5000

各月的混凝土工程价格指数　　表 7-2

时　间	2001 年 12 月	2002 年 1 月	2002 年 2 月	2002 年 3 月	2002 年 4 月	2002 年 5 月	2002 年 6 月	2002 年 7 月	2002 年 8 月	2002 年 9 月
价格指数(%)	100	115	105	110	115	110	110	120	110	110

施工期间,由于建设单位原因,工作 H 的开始时间比计划的开始时间推迟了 1 个月,并由于工作 H 工程量的增加该使工作的工作持续时间延长了 1 个月。

问题

1. 按施工进度计划编制资金使用计划(即计算每月和累计拟完工程计划投资),并简要写出其步骤。计算结果填入资金使用计划表(表 7-3)中。

资金使用计划表　　表 7-3

项　目	投资数据(单位:万元)								
	1	2	3	4	5	6	7	8	9
每月拟完工程计划投资									
累计拟完工程计划投资									
每月已完工程计划投资									
累计已完工程计划投资									
每月已完工程实际投资									
累计已完工程实际投资									

2. 计算工作 H 各月的已完工程计划投资和已完工实际投资。

3. 计算混凝土结构工程已完工程计划投资和已完工程实际投资。

4. 列式计算 8 月末的投资偏差和进度偏差(用投资额表示)。

答案

1. 编制资金使用计划步骤如下:

将各工作计划工程量与单价相乘后,除以该工作的持续时间,得到各工作每月拟完工程计划投资额;再将时标网络计划中各工作分别按月纵向汇总得到每月拟完工程计划投资额;然后逐月累加得到各月累计拟完工程计划投资额。

2. 计算过程如下:

H 工作 6 月 ~9 月份每月完成工程量为:$5000 \div 4 = 1250$(m^3/月)

(1)H 工作 6 月 ~9 月份已完成工程计划投资均为:$1250 \times 1000 = 1250000$(元)

(2)H 工作已完工程实际投资为：

6 月份　$125 \times 110\% = 137.5$(万元)

7 月份　$125 \times 120\% = 150.0$(万元)

8 月份　$125 \times 110\% = 137.5$(万元)

9 月份　$125 \times 110\% = 137.5$(万元)

3. 计算结果填在表 7-4 内。

计算结果　　表 7-4

项　目	投资数据(单位:万元)								
	1	2	3	4	5	6	7	8	9
每月拟完工程计划投资	880	880	690	690	550	370	530	310	—
累计拟完工程计划投资	880	1760	2450	3140	3690	4060	4590	4900	—
每月已完工程计划投资	880	880	660	660	410	355	515	415	125
累计已完工程计划投资	880	1760	2420	3080	3490	3845	4360	4775	4900
每月已完工程实际投资	1012	924	726	759	451	390.5	618	456.5	137.5
累计已完工程实际投资	1012	1936	2662	3421	3872	4262.5	4880.5	5337	5474.5

4. 计算过程如下：

投资偏差 = 已完工程实际投资 − 已完工程计划投资 = 5337 − 4775 = 562(万元)

即超支 562 万元。

进度偏差 = 拟定工程计划投资 − 已完工程计划投资 = 4900 − 4775 = 125(万元)

即拖后 125 万元。

案例 2

背景材料

某施工单位承包某内资工程项目，甲、乙双方签订关于工程价款的合同内容有：

1. 建筑安装工程造价 660 万元，主要材料费占施工产值的比重为 60%。

2. 预付备料款为建筑安装工程造价的 20%。

3. 工程进度款逐月计算。

4. 工程保留金为建筑安装工程造价的 5%，保修期半年。

5. 材料价差调整按规定进行(按规定，上半年主要材料价差上调 10%，在 6 月份一次调增)。工程各月实际完成产值见表 7-5。

某工程各月实际完成产值　(单位:万元)　　表 7-5

月份	2	3	4	5	6
完成产值	55	110	165	220	110

问题

1. 通常工程竣工结算的前提是什么？

2. 该工程的预付备料款、起扣点为多少？

3. 该工程 2 ~5 月，每月拨付工程款为多少？累计工程款为多少？

4. 6 月份办理工程竣工结算，该工程结算总造价为多少？甲方应付工程尾款为多少？

5. 该工程在保修期间发生屋面漏水，甲方多次催促乙方修理，乙方一再拖延。随后甲方另请施工单位修理，修理费 1.5 万元。该项费用如何处理？

答案

1. 工程竣工结算的前提是竣工验收报告被批准。

2. 计算结果如下：

预付备料款　660 万元 ×20% =132(万元)

起扣点　660 万元 -132/60% =440(万元)

3. 计算结果如下：

2 月　工程款 55 万元，累计工程款 55 万元。

3 月　工程款 110 万元，累计工程款 165 万元。

4 月　工程款 165 万元，累计工程款 330 万元。

5 月　工程款 220 万元，220 -(220 +330 -440) ×60% =154(万元)

因此，累计工程款为 484 万元。

4. 计算结果如下：

工程结算总造价　660 +600 ×0.6 ×10% =699.6(万元)

甲方应付工程尾款　699.6 -484 -(699.6 ×5%) -132 =48.62(万元)

5. 修理费应从乙方(承包方)的保修金中扣除。

案例 3

背景材料

某工程项目施工合同价为 560 万元，合同工期为 6 个月，施工合同中规定：

1. 开工前业主向施工单位支付合同价 20% 的预付款。

2. 业主自第一个月起，从施工单位的应得工程款中按 10% 的比例扣留保留金，保留金限额暂定为合同价的 5%。

3. 预付款在最后两个月扣除，每月扣 50%。

4. 工程进度款按月结算，不考虑调价。

5. 业主供料价款在发生当月实际完成产值不足计划产值的90%时,业主可按实际完成产值8%的比例扣留工程进度款。在工程竣工结算时将扣留的工程进度款退还施工单位,见表7-6。

某工程各月计划与实际完成产值(单位:万元) 表7-6

时间(月)	1	2	3	4	5	6
计算完成产值	70	90	110	110	100	80
实际完成产值	70	80	120	—	—	—
其中业主供料价款	8	12	15	—	—	—

该工程施工进入第4个月时,由于业主资金出现困难,合同被迫终止。为此,施工单位提出以下费用补偿要求:

1. 施工现场存有为本工程购买的特殊工程材料,计50万元。

2. 设备撤回基地发生的费用为10万元。

3. 人员遣返费用为8万元。

问题

1. 该工程的工程预付款是多少? 应扣留的保留金是多少?

2. 从第1个月到第3个月,造价工程师各月签认的工程款是多少? 应签发的付款凭证金额是多少?

3. 合同终止时,业主已支付施工单位的各类工程款是多少?

4. 合同终止后,施工单位提出的补偿要求是否合理? 业主应补偿多少?

5. 合同终止后,业主总共应向施工单位支付多少工程款?

答案

1. 计算预付款和应扣留的保留金。

工程预付款为:560 × 20% = 112(万元)

保留金为:560 × 5% = 28(万元)

2. 此3个月,造价工程师签认的工程款和付款凭证金额分别为:

第1个月:

签认的工程款为:70(1 - 0.1) = 63(万元)

应签发的付款凭证金额为:63 - 8 = 55(万元)

第2个月:

本月实际完成产值不足计划产值的90%,即80/90 = 89.9%

签认的工程款为:80 × (1 - 0.1) - 80 × 8% = 65.6(万元)

应签发的付款凭证金额为:65.6 - 12 = 53.6(万元)

第3个月:

应签发 120 - 15 - 120 × 10% = 93(万元)

3. 合同终止时，业主已支付施工单位的各类工程款为：

112 + 55 + 53.6 + 93 = 313.6(万元)

4. 计算结果为：

(1)已购特殊工程材料价款补偿 50 万元的要求合理。

(2)施工设备遣返费补偿 10 万元的要求不合理，应补偿款额为：

$$(560 - 70 - 80 - 120) \div 560 \times 10 = 5.18(\text{万元})$$

(3)施工人员遣返费补偿 8 万元的要求不合理，应补偿款额为：

$$(560 - 70 - 80 - 120) \div 560 \times 8 = 4.14(\text{万元})$$

合计:59.32 万元。

5. 合同终止后，业主总共应向施工单位支付的工程款为：

$$70 + 80 + 120 + 59.32 - 8 - 12 - 15 = 294.32(\text{万元})$$

案例 4

背景材料

某公司于某年 3 月 10 日与某建筑单位签订了工程施工合同。合同中有关工程价款及其交付的条款摘要如下：

1. 合同总价为 600 万元，其中工程主要材料和结构件总值占合同总价的 60%。

2. 预付备料款为合同总价的 25%，于 3 月 20 日前拨付给乙方。

3. 工程进度款由乙方逐月(每月末)申报，经审核后于下月 5 日前支付。

4. 工程竣工并交付竣工结算报告后 30 日内，支付工程总价款的 95%，留 5% 作为工程保修金，保修期(半年)满后全部结清。合同中有关工程工期的规定为:4 月 1 日开工，9 月20 日竣工。工程款逾期支付，按每月计划完成产值(合同价)，如表 7-7 所示。

某工程各月计划完成产值　(单位:万元)　表 7-7

月份	4	5	6	7	8	9
完成产值	80	100	120	120	100	80

在工程施工至 8 月 16 日，因施工设备出现故障停工 2 天，造成窝工 50 工日(每工日工资 19.5 元)，8 月份实际完成产值比原计划少 3 万元；工程施工至 9 月 6 日，因甲方提供的某种饰面板材质量不合格，粘贴后效果差，甲方决定更换板材，造成拆除用工 60 工日(每日工资 23.5 元)，机械多闲置 3 个台班(每台班按 400 元计)，预算外材料费损失 2 万元，其他费用损失 1 万元，重新粘贴预算价 10 万元，因拆除、重新粘贴使工期延长 6 天。最终工程于 9 月 29 日竣工。

问题

1. 请按原施工进度计划，为甲方提供一份完整的逐月拨款计划。

2.乙方于8月20日和9月20日分别提出延长工期2天、索赔费1092元和延长工期6天、索赔费162070.00元。请问此两项索赔能否成立？应批准的工期延长为几天？索赔费为多少？

3.8月份和9月份乙方应申报的工程结算款分别为多少？

答案

1.逐月拨款计划如下：

预付备料款 $M=600\times25\%=150$(万元)(拨款日期3月20日前)

起扣点 $T=P-M/N=600-150/60\%=350$(万元)

各月进度款：

(1)4月份计划完成产值80万元，拨款80万元(拨款日期5月5日前)。

(2)5月份计划完成产值100万元，拨款100万元(拨款日期6月5日前)。

(3)6月份计划完成产值120万元，拨款120万元(拨款日期7月5日前)。

(4)7月份计划完成产值120万元，其中50万元全额拨款，其余扣备料款60%。

拨款额 $=50+(120-50)\times(1-60\%)=78$(万元)(拨款日期8月5日前)

(5)8月份计划完成产值100万元。

拨款额 $=100\times(1-60\%)=40$(万元)(拨款日期9月5日前)

(6)9月份计划完成产值80万元。

拨款额 $=80\times(1-60\%)-600\times5\%=2$(万元)(拨款日期10月5日前)

(7)保修期满后将保修金30万元扣除实际保修支出的余额，加银行同期存款利息拨付给乙方。

2.计算结果如下：

(1)两项索赔中，前一项索赔不成立(因乙方自身原因造成的)，后一项索赔成立(因甲方原因造成的)。

(2)应批准的工期延长天数为6天。

(3)因批准的索赔费用为：

$$60\times23.5+3\times400+20000+10000+100000=132610(\text{元})=13.261(\text{万元})$$

3.计算结果如下：

8月份应申报的工程结算款为：$(100-3)\times(1-60\%)=38.8$(万元)

9月份应申报的工程结算款为：

$83+13.261-83\times0.6-(600+13.261)\times5\%-(9-6)\times0.1=18.325$(万元)

案例5

背景材料

某项工程业主与承包商签订了工程承包合同，合同中含有两个子项工程，估算工程量

甲项为 $2300m^3$，乙项为 $3200m^3$。经协商，甲项单价为 180 元/m^3，乙项单价为 160 元/m^3。承包合同规定：

1. 开工前业主应向承包商支付合同 20% 的预付款。
2. 业主自第 1 个月起，从承包商的工程款中按 5% 的比例扣留滞纳金。
3. 当子项工程实际工程量超出估算工程量的 10% 时，可进行调价，调价系数为 0.9。
4. 造价工程师每月签发付款最低金额为 25 万元。
5. 预付款在最后两个月平均扣除。

承包商每月实际完成并经签证确认的工程量如表 7-8 所示。

每月实际完成工程量　（单位：m^3）　　表 7-8

项　目	1	2	3	4
甲项	500	800	800	600
乙项	700	900	800	600

问题

1. 预付款是多少？

2. 每月工程量价款是多少？造价工程师应签证的工程款是多少？实际签发的付款凭证金额是多少？

答案

1. 计算预付款金额。

$(2300 \times 180 + 3200 \times 160) \times 20\% = 18.52$（万元）

2. 计算结果如下：

（1）第 1 个月工程量价款为：$500 \times 180 + 700 \times 160 = 20.2$（万元）

应签证的工程款为：$20.2 \times 0.95 = 19.19$（万元）< 25（万元）

第 1 个月不予付款。

（2）第 2 个月工程量价款为：$800 \times 180 + 900 \times 160 = 28.8$（万元）

应签证的工程款为：$28.8 \times 0.95 = 27.36$（万元）

$19.19 + 27.36 = 46.55$（万元）> 25（万元）

实际签发的付款凭证金额为 46.55 万元。

（3）月工程量价款为：$800 \times 180 + 800 \times 160 = 27.2$（万元）

应签证的工程款为：$27.2 \times 0.95 = 25.84 > 25$（万元）

应扣预付款为：$18.52 \times 50\% = 9.26$（万元）

应付款为：$25.84 - 9.26 = 16.58$（万元）< 25（万元）

第 3 个月不予签发付款凭证。

（4）第 4 个月甲项工程累计完成工程量为 $2700m^3$，比原估算工程量超出 $400m^3$，已超出估算工程量的 10%，超出部分其单价应进行调整。

超过估算工程量 10% 的工程量为：$2700-2300\times(1+10\%)=170(m^3)$

这部分工程量单价应调整为：$180\times0.9=162$(元/m^3)

甲项工程工程量价款为：$(600-170)\times180+170\times162=10.494$(万元)

乙项工程累计完成工程量为 $3000m^3$，比原估算工程量减少 $200m^3$，没超出估算工程量，其单价不予进行调整。

乙项工程量价款为：$600\times160=8.6$(万元)

本月完成甲、乙两项工程量价款为：$10.494+9.6=20.094$(万元)

应签证的工程款为：$20.094\times0.95=19.09$(万元)

本月实际签发的付款凭证金额为：$16.58+19.09-18.52\times50\%=26.41$(万元)

案例 6

背景材料

某工程建设项目的合同价为 2500 万元，该工程所签订的合同为可调值合同，合同报价日期为 2003 年 3 月，合同工期为 12 个月，每个季度结算一次。工程开工日期为 2003 年 4 月 1 日。2003 年第四季度施工单位完成产值是 750 万元。工程人工费、材料费构成比例以及相关季度造价指数如表 7-9 所示。

人工费、材料费构成比例以及相关季度造价指数　　表 7-9

项　目	人工费	材料费						不可调值费用
		钢材	水泥	集料	砖	砂	木材	
比例(%)	25	20	15	8	2	8	2	20
2003 年第一季度造价指数	100	100.8	102	93.6	100.2	95.4	93.4	
2003 年第四季度造价指数	116.8	106.6	110.5	95.6	98.9	93.7	95.5	

在施工过程中，发生如下四项事件：

1. 2003 年 4 月，在基础开挖过程中，个别部位的实际土质与给定地质资料不符，造成施工费用增加 3 万元，相应工序的持续时间增加了 5 天。

2. 2003 年 5 月，施工单位为了保证质量扩大基础底面，开挖量增加，导致费用增加 3.0万元，相应工序的持续时间增加了 3 天。

3. 2003 年 7 月，在主体砌筑过程中，因施工图设计有误，实际工程量增加 4 万元，相应工序的持续时间增加了 2 天。

4. 2003 年 8 月进入雨季施工，恰逢 30 年一遇的大雨，造成停工损失 3 万元，工期增加了 5 天。

在以上事件中，除第 4 项外，其余工序均未发生在关键线路上，并对总工期无影响。针对上述事件，施工单位提出如下索赔要求：

1. 增加合同工期 15 天；

2. 增加费用 13 万元。

问题

1. 施工单位对施工过程中发生的上述事件可否索赔？为什么？

2. 计算2003年第4季度应确定的二程结算款额。

3. 如果在工程保修期间发生了由施工单位原因引起的桥顶漏水、面层剥落等问题，业主多次催促施工单位修理而施工单位一再施延的情况下，另请其他施工单位维修。所发生的维修费用该如何处理？

答案

1. 施工单位对在施工过程中发生的上述事件能否索赔及其原因如下：

(1)事件1费用索赔成立，因为业主提供的地质资料与实际情况不符，这是承包商不可预见的。工期不予延长。

(2)事件2费用索赔不成立，工期索赔也不成立。因为该工作属于承包商采取的质量保证措施。

(3)事件3费用索赔成立，因为这是设计方案有误。工期不予延长。

(4)事件4费用索赔不成立，工期可以延长。因为此属异常的气候条件变化，承包商不应得到费用补偿。

2. 2003年4季度监理工程师应批准的结算款额为：

$$P = P_0\left(a_0 + a_1\frac{A}{A_0} + a_2\frac{B}{B_0} + a_3\frac{C}{C_0} + a_4\frac{D}{D_0} + \cdots\right)$$

$$= 750\left(0.20 + 0.25 \times \frac{116.8}{100.0} + 0.20 \times \frac{106.6}{100.8} + 0.15 \times \frac{110.5}{102.0} + 0.08 \times \frac{95.6}{93.6} + 0.02 \times \frac{98.9}{100.2} + 0.08 \times \frac{93.7}{95.4} + 0.02 \times \frac{95.5}{93.4}\right)$$

$$= 750 \times 1.0665 \approx 799.88(\text{万元})$$

3. 所发生的维修费用应从乙方保修金(或质量保证金、保留金)中扣除。

案例7

背景材料

××公路工程工作量计600万元，计划当年上半年内完工，主要材料金额占施工总产量的62.5%，预付备料款占工程款25%，当年上半年各月实际完成施工产值如表7-10所示。

各月实际完成施工产值表　(单位：万元)　表7-10

1月	2月	3月	4月	5月	6月	合同调整额
60	80	100	120	120	120	80

问题

1. 工程价款结算的方式有哪些?
2. 计算本工程的预付备料款和起扣点。
3. 计算按月结算的工程进度款。
4. 计算本工程竣工结算工程款。

分析要点

本案例主要考核工程结算方式、按月结算工程款的计算方法、工程预付备料款和起扣点的计算等。

预付备料款 = 工程价款总额 × 预付备料款额度

起扣点 = 工程价款总额 - 预付备料款 ÷ 主要材料所占比重

答案

1. 工程价款结算的方式:

工程价款的结算方式主要分为:按月结算、竣工后一次结算、分段结算、目标结算和双方议定的其他方式。

2. 计算预付备料款。

600 × 0.25 = 150(万元)

起扣点:600 - 150 ÷ 0.625 = 360(万元)

3. 计算各月结算的工程进度款。

1 月份:工程款 60 万元,累计完成 60 万元;

2 月份:工程款 80 万元,累计完成 140 万元;

3 月份:工程款 100 万元,累计完成 240 万元;

4 月份:工程款 120 万元,累计完成 360 万元;

5 月份:已达到起扣点情况下的应收工程款为:

工程款 = 当月已完工作量 -(当月累计已完工作量 - 起扣点)× 主材所占比重

= 120 -(360 + 120 - 360)× 0.625 = 45(万元)

累计完成 405 万元;

6 月份:工程款 = 当月已完工作量 ×(1 - 主材所占比重)

= 120 ×(1 - 0.625)= 45(万元)

4. 计算本工程竣工结算款。

405 + 45 + 150 + 80 = 680(万元)

参考文献

[1] 交通部. 公路基本建设项目设计文件编制办法(交公路发[2007]358 号). 北京:人民交通出版社,2007.
[2] 交通部. JTG B06—2007 公路基本建设工程概算、预算编制办法. 北京:人民交通出版社,2007.
[3] 交通部. JTG/T B06-03—2007 公路工程机械台班费用定额. 北京:人民交通出版社,2007.
[4] 交通部. JTG/T B06-01—2007 公路工程概算定额. 北京:人民交通出版社,2007.
[5] 交通部. JTG/T B06-02—2007 公路工程预算定额. 北京:人民交通出版社,2007.
[6] 交通部. 公路工程估算指标. 北京:书目文献出版社,1996.
[7] 交通部. 公路基本建设工程投资估算编制办法. 北京:人民交通出版社,1996.
[8] 韩宏伟. 全国一级建造师考试习题集(第一版). 北京:中国建材工业出版社,2004.
[9] 天津理工大学造价(咨询)师培训中心. 全国注册咨询工程师执业资格考试习题精选(第一版). 北京:人民交通出版社,2004.
[10] 赵铁生. 全国监理工程师执业资格考试题库(第一版). 天津:天津大学出版社,2002.
[11] 孙锡衡. 全国监理工程师执业资格考试案例题解析(第三版). 天津:天津大学出版社,2006.
[12] 齐宝库,黄如宝. 工程造价案例分析. 北京:中国计划出版社,2006.
[13] 文德云. 公路工程施工监理质量控制技术手册. 北京:人民交通出版社,2006.
[14] 张树升. 道路工程经济与管理. 北京:人民交通出版社,1991.
[15] 交通部. 公路工程质量验收办法. 北京:人民交通出版社,1996.
[16] 柯洪. 工程造价计价与控制. 北京:中国计划出版社,2006.